心にひびく論語

本当の生き方が見えてくる86の言葉

中村信幸／監修
（杏林大学外国語学部教授）
武田双雲／書

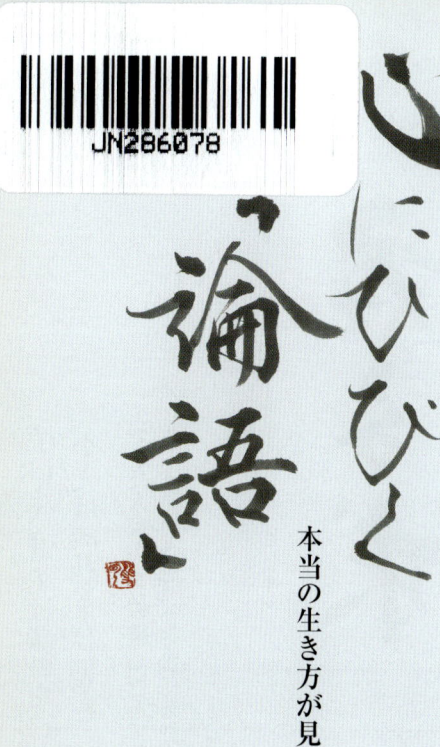

子《し》曰《いわ》く、君子《くんし》は諸《こ》れを己《おの》れに求《もと》む。
小人《しょうじん》は諸れを人《ひと》に求む。

できた人物というのは、何ごとにも責任を自分に求める。
ちっぽけな人物は、すぐ責任を他人に押しつけるものだ。

［62ページ］

37×65cm

子曰く、人《ひと》の生《い》くるや直《なお》し。
これを罔《し》いて生くるは、幸《さいわい》にして免《まぬ》がるるのみ。

人は本来真っすぐに生きていくものだよ。
それを歪めて生きていられるのは、
まぐれでたまたま助かっているだけだ。

［46ページ］

31×41cm

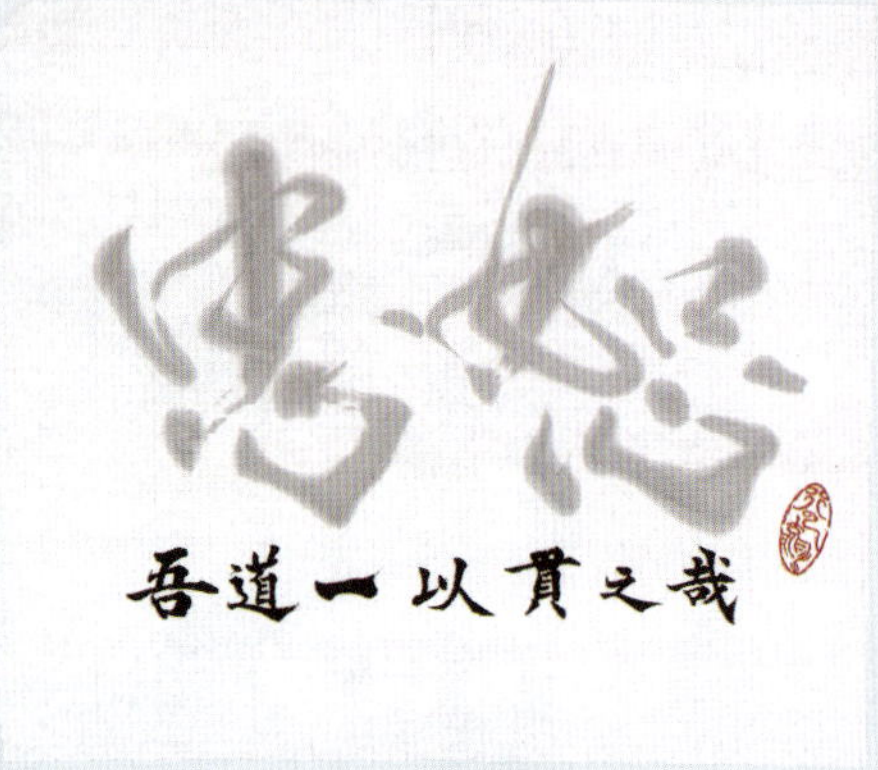

30×36cm

吾《わ》が道は、一以《いつもっ》て之《これ》を貫《つらぬ》く。
曾子曰く、夫子《ふうし》の道は忠恕《ちゅうじょ》のみ。

先生の生き方は忠恕（まごころ）で貫かれている。

［60ページ］

35×36cm

子《し》、四《し》を絶《た》つ。意《い》なく、必《ひつ》なく、固《こ》なく、我《が》なし。

先生は四つを絶った。勝手な心を持たない、決めつけをしない、執着しない、我を張らない。 [130ページ]

子曰く、三軍《さんぐん》も帥《すい》を奪《うば》う可《べ》きなり。
匹夫《ひっぷ》も志《こころざし》を奪う可からざるなり。

どんな大軍でも、その総大将を奪うことはできる。
しかし、平凡な一人の男でも、
その志まで奪い取ることはできない。

［44ページ］

34×81cm

義《ぎ》を見て為《せ》ざるは、勇《ゆう》なきなり。

人として行うべきことをわかっていながら、
それをしないのは臆病者である。　［48ページ］

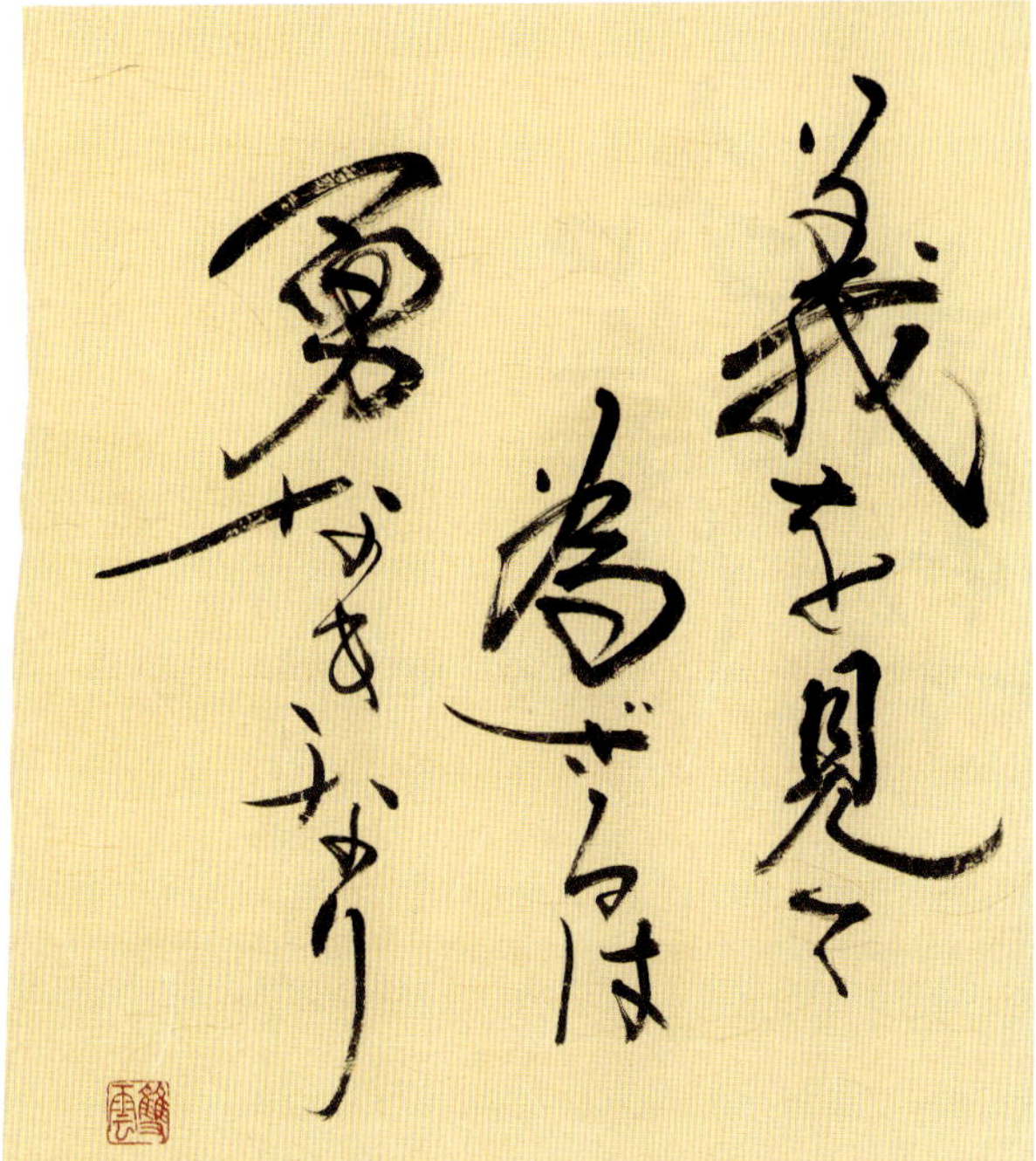

41×48cm

知者は惑わず、

子曰、知者不惑、仁者不憂、勇者不懼。

知の人は惑わない、仁の人は憂えない、勇の人は恐れない。

［54ページ］

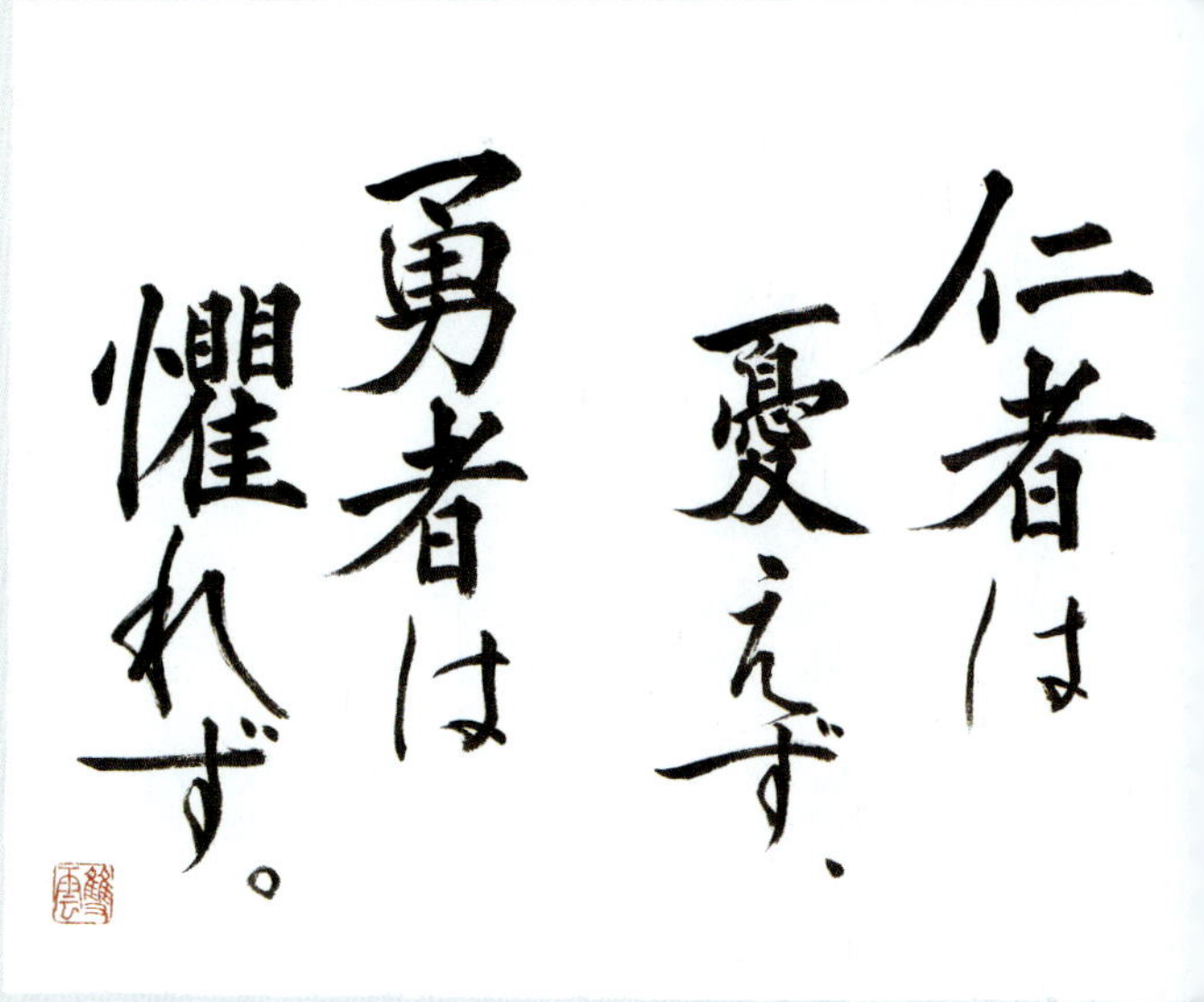

40×79cm

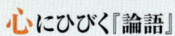

29×70cm

子曰く、故《ふる》きを温《たず》ねて新《あたら》しきを知れば、以《もっ》て師《し》と為《な》すべし。

古いことを研究し、そして新しい知識や方法を得る人がいれば、その人を指導者としてよい。 ［86ページ］

34×54cm

子曰く、父母《ふぼ》の年《とし》は知らざるべからず。
一《いち》は則《すなわ》ち以《もっ》て喜《よろこ》び、一は則ち以て懼《おそ》れる。

父母の年齢を忘れてしまってはいけないよ。
一つはそれで長生きを喜び、
一つはそれで老い先を気づかうのだ。 [134ページ]

子曰く、徳《とく》は孤《こ》ならず、必ず鄰《となり》あり。

徳のある者はけっして孤立することはなく、
必ず仲間が現れるものだ。

［52ページ］

24×33cm

子曰く、人《ひと》の己《おの》れを知《し》らざることを患《うれ》えず、
人を知らざることを患う。

人が自分の価値を知ってくれないことを気にかけるよりも、
自分が人の価値を知らないことを気にかけるべきだ。［42ページ］

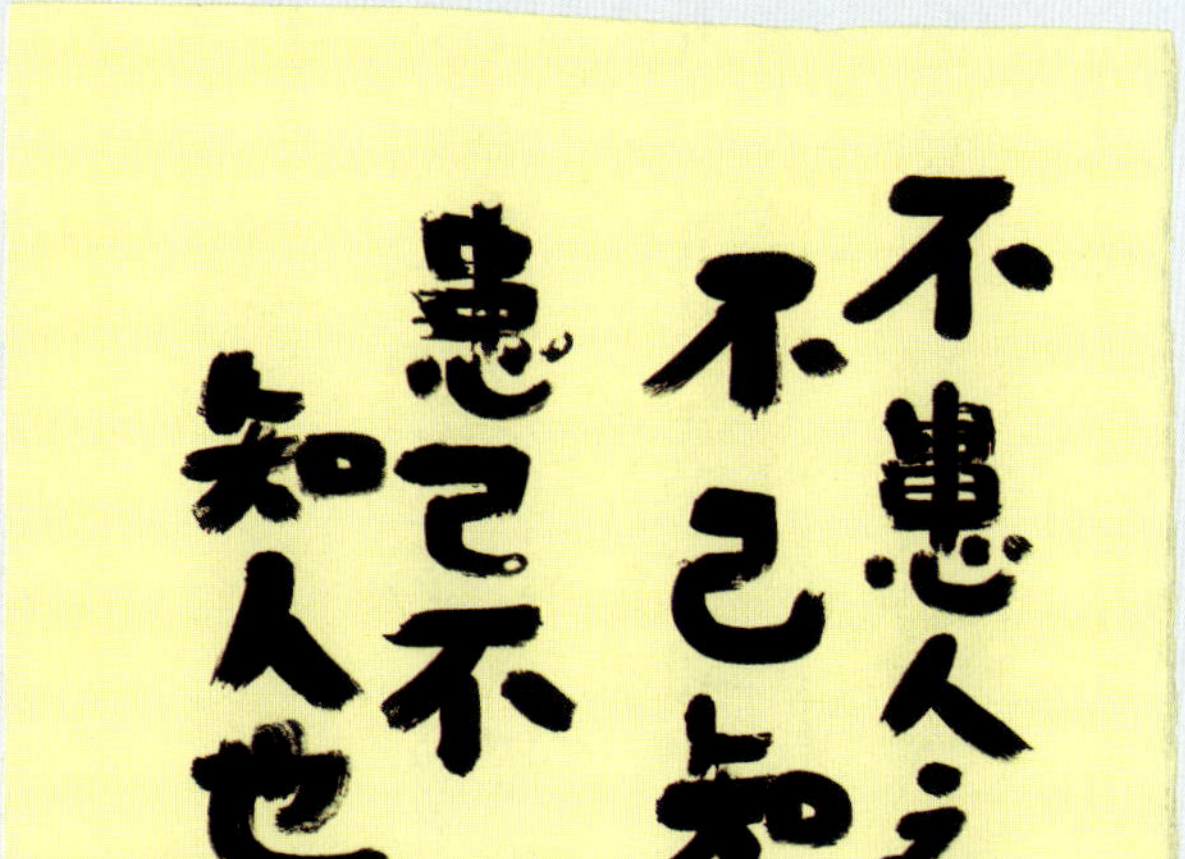

29×35cm

子曰く、之《これ》を知《し》る者《もの》は之を好《この》む者に如《し》かず。
之を好む者は之を楽《たの》しむ者に如かず。

それを知っているというだけでは、それが好きな人間にはかなわない。
好きというだけでは、それを心から楽しんでいる人間にはかなわない。

［84ページ］

24×33cm

24×33cm

子曰く、人能《よ》く道《みち》を弘《ひろ》む。道、人を弘むるに非《あら》ず。

人間一人一人こそ、その努力によって徳の道を広めることができるのだ。道が人を広めてくれるわけじゃない。 [118ページ]

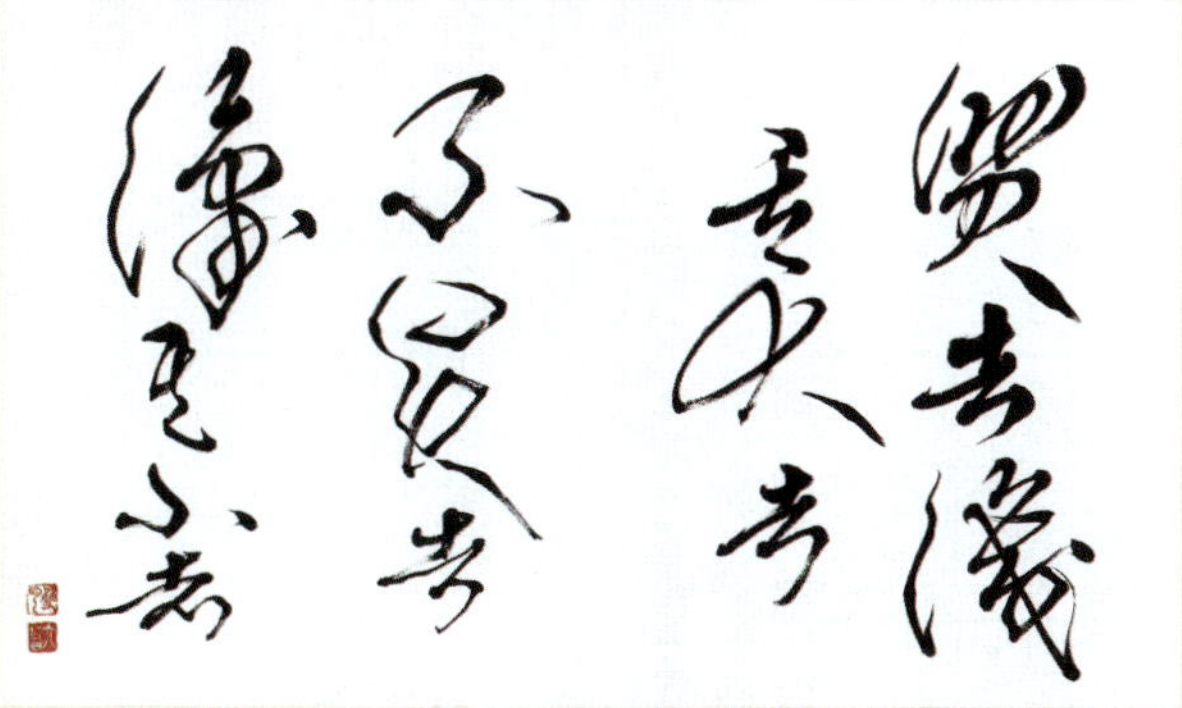

34×60cm

賢者識其大者、不賢者識其小者

智恵のある者は何ごとにも本質を見ようとするので、
大きなことを知ったり気づいたりできるが、智恵のない者は
小さなことだけを知る。 [206ページ]

子曰く、後生《こうせい》畏《おそ》る可《べ》し。焉《いずく》んぞ来者《らいしゃ》の今に如《し》かざるを知らんや。

若者を侮ってはいけない。これからの人がいまの自分たちに及ばないなどと、どうしてわかるものか。

〔154ページ〕

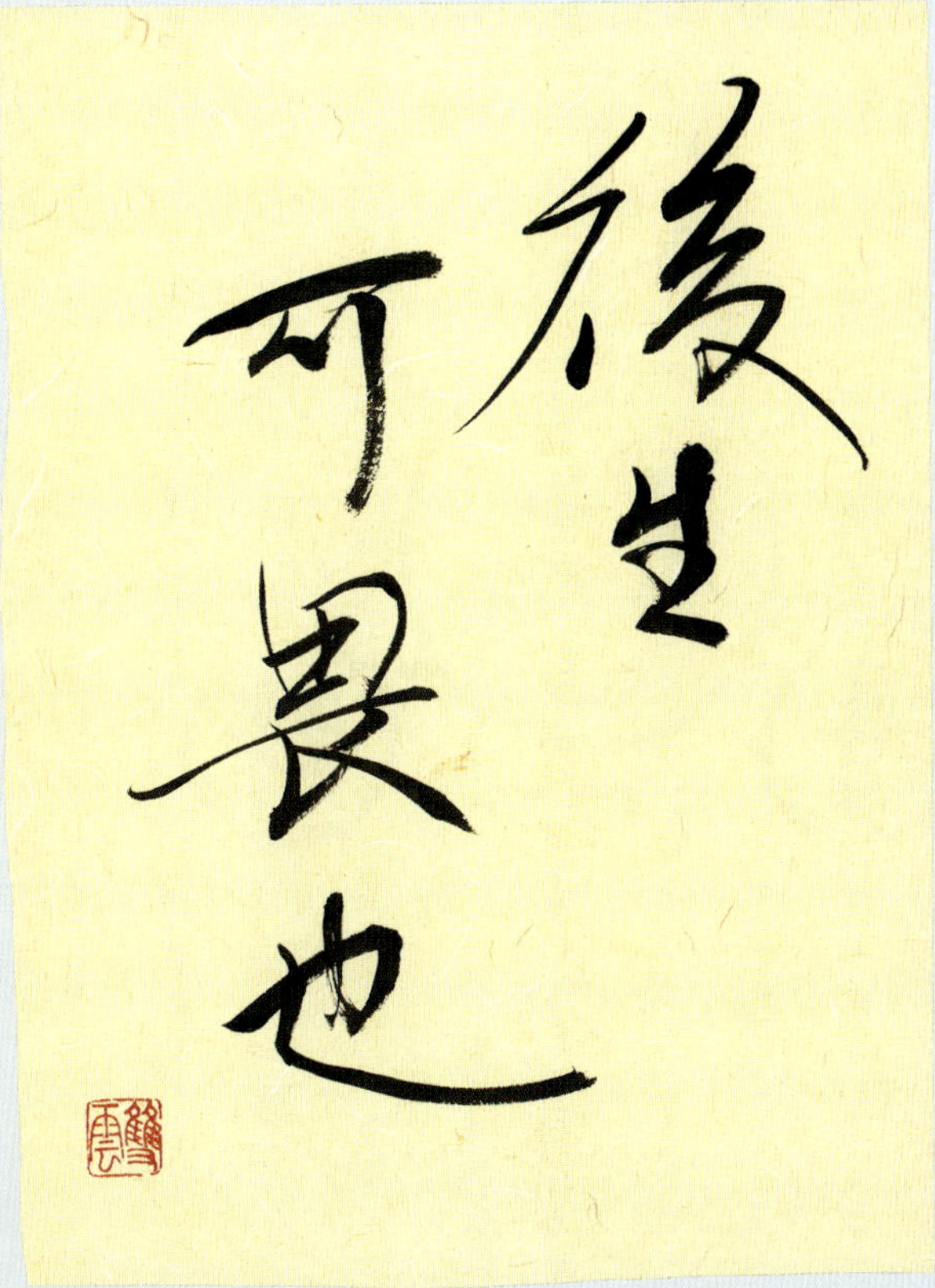

30×40cm

子曰く、
知者《ちしゃ》は水《みず》を楽《たの》しみ、
仁者《じんしゃ》は山《やま》を楽しむ。

27×57cm

知者は動き、
仁者は静かなり。
知者は楽しみ、
仁者は寿《いのちなが》し。

[140ページ]

子曰く、君子《くんし》は和《わ》して同《どう》ぜず。
小人《しょうじん》は同じて和せず。

人格者は他人と調和はするが雷同しない。
凡人は雷同するが調和はしない。［64ページ］

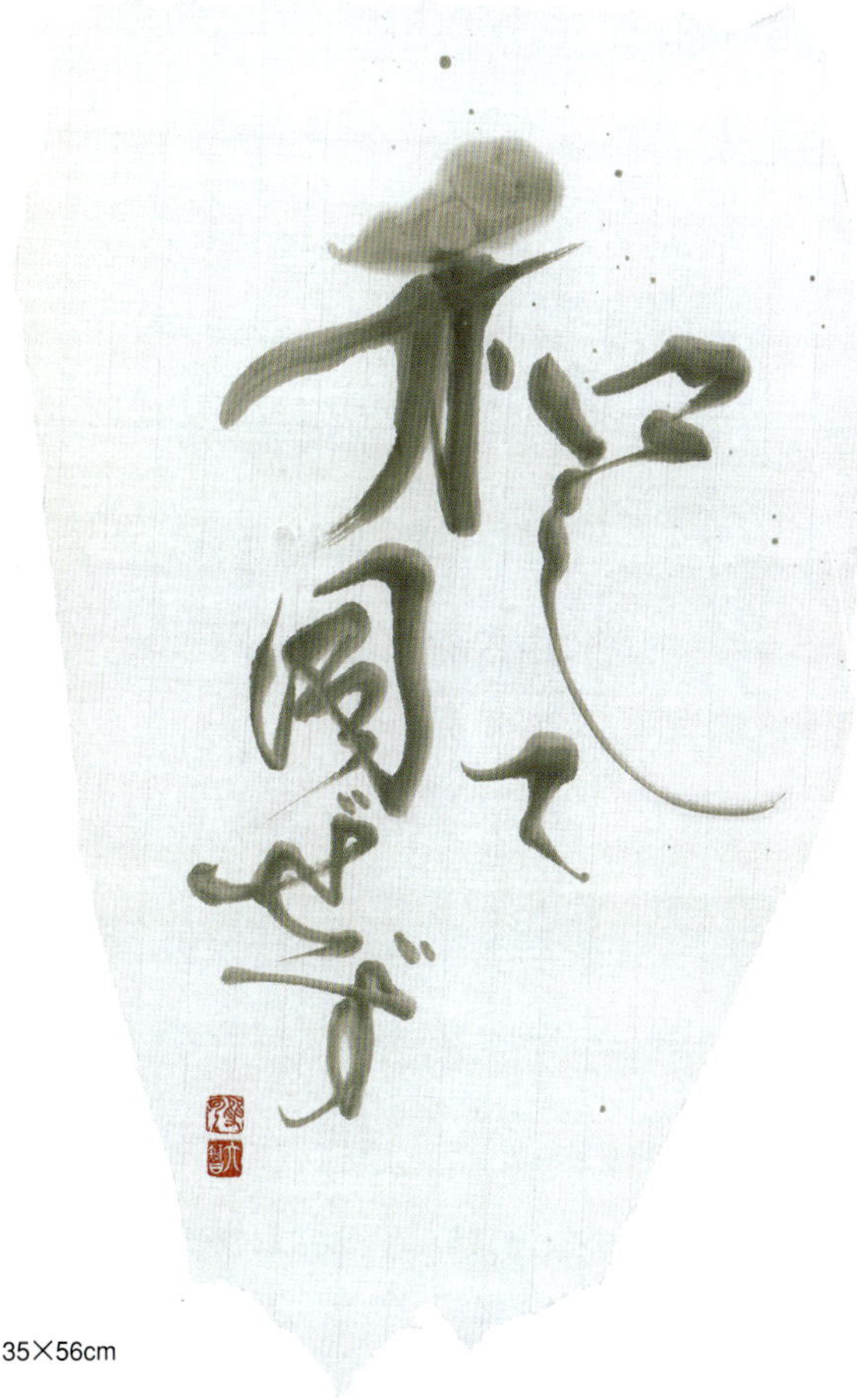

35×56cm

子曰く、朝《あした》に道《みち》を聞《き》かば、
夕《ゆう》べに死《し》すとも可《か》なり。

もしも、朝に人生の真理を知ることができたら、
その晩に死んでもかまわないさ。

［110ページ］

36×59cm

33×34cm

子曰く、君子は徳《とく》を懐《おも》い、
小人は土《ど》を懐う。

［128ページ］

価値観が揺れ動き
進むべき方向さえ
見失いがちなこの時代、
「人の道」をしっかり見据え
ときに強烈なメッセージを放つ
『論語』のことばが、
とても貴重なものに思えてきます。

武田　双雲

はじめに――監修者より

二千五百年も昔の思想家である孔子の言葉を集めた『論語』が、今また注目され読まれつつあります。混迷の現代にある多くの人々が、この書の中から本当の生き方とはなにかを求めようとしているのです。

しかしまた『論語』と聞くと古くさく、かた苦しい本と初めから決めてかかる人もいます。この本はそういう人、とくに若い世代の方々に読んでほしいという願いから、読みやすく明快な訳文と、日常に即した解説が加えてあります。その中からよりよく生きるためのヒントを探してください。「どこでも気楽にゴロンと『論語』」です。好きなところから気軽に入ってください。そうしているうちに、いつの間にか姿勢を正して読んでいる自分に気づくはずです。

原文の読み下し文をぜひ声に出して味わってほしいものです。できたら大きな声で。漢文の心地よいリズムがきっと心を癒《いや》してくれます。その言葉をまた思い出しては、自分のその時々の状況に即して味わってみるのもいいでしょう。「学びて時にこれを習う、またよろこばしからずや」とはこういうことだと思います。

杏林大学外国語学部教授　中村　信幸

心にひびく『論語』　本当の生き方が見えてくる86の言葉　目次

◇第三章　よりよく生きるには　117

◇第四章　人とどう接していくか　151

◇第五章　世の中とどう関わるか　187

第一章

われを美しくする生き方とは

◎嘆くより自分を磨くのが先

子曰《しいわ》く、人《ひと》の己《おの》れを知《し》らざることを患《うれ》えず、人を知らざることを患う。

人が自分の価値を知ってくれないことを気にかけるよりも、自分が人の価値を知らないことを気にかけるべきだ。

学而篇《がくじ》1―16

子曰、不患人之不己知、患己不知人也。

人は自分の能力や力量を周りに認めてもらえないと、不満を抱いて、くよくよと思いわずらうものです。

たとえば、同期入社の人間が一足先に出世したり、ボーナスの額にどんと差をつけられたりするだけでも、「なぜ？　自分のほうが仕事もできるし会社に貢献しているのに」などと悔しい思いをすることもあるでしょう。正当に評価してもらえない、自分のことをわかってくれる人がいない……当人は「理不尽だ」と感じるでしょう。しかし、そんなことはどんな世界でもあるのです。

他人に認めてもらえないことを嘆くよりも、他人を理解できず、その真価を認めることができない自分のことを思い悩むべきだ、というのがこのことばです。『論語』には同様の意味の章句がいくつかあり、「里仁《りじん》篇」にもこうあります。「位無《くらいな》きを患《うれ》えず。立つ所以《ゆえん》を患う。己《おのれ》を知る莫《な》きを患えず。知らるべきことを為《な》すを求む」（里仁篇4—14）。自分に地位がないことを嘆かず、地位を得るには自分に何が足りないかを悩め。自分が認められぬことを嘆かず、認められるだけのことをしようと努めることだ——。まだ世に出ない弟子たちを勇気づけたであろう孔子のことばが、いま私たちへの励ましとして、ひびいてきます。

◎「志」はだれにも奪えない

子曰く、三軍《さんぐん》も帥《すい》を奪《うば》う可《べ》きなり。匹夫《ひっぷ》も志《こころざし》を奪う可からざるなり。

どんな大軍でも、その総大将を奪うことはできる。しかし、平凡な一人の男でも、その志まで奪い取ることはできない。

子罕《しかん》篇9—26

子曰、三軍可奪帥也。匹夫不可奪志也。

日本の球団で戦力外通告を受けたのち、二十歳のころ夢見たアメリカ・メジャーリーグへの挑戦を決め、三十九歳でメジャーデビューを果たした投手がいました。ケガも年齢もメジャーの壁も、彼から志《こころざし》を奪うことはできなかったのです。

一人の人間の志とは、そう簡単に動じるものではなく、周りもそれを容易に変えさせることはできないということです。

「三軍」とは、数万の兵士を有する一軍団。「匹夫《ひっぷ》」は、どこにでもいる平凡な男という解釈でいいでしょう。

いまは地位もない平凡な男でも、しっかりした志を持っていれば、だれもそれを奪うことはできない――。このことばには、「男たるものいちど志を立てたら、信念を曲げずにそれを貫くべきだ。志をなくしてくれるなよ」という、孔子の若者たちへのメッセージを読むことができるでしょう。

「志」という字は、心がある方向（目標）に向かって進んでいくことを意味し、高い志を持つ人を「志士《しし》」といいます。三十九歳のメジャーリーガーは「高い目標に向かって自分が挑戦していく過程が好きなのです」と言っていました。

時代も年齢も関係なく、心の持ち方によって「志士」の生き方は可能なのです。

◎人は本来真っすぐに生きる

子曰く、人《ひと》の生《い》くるや直《なお》し。これを罔《し》いて生《い》くるは、幸《さいわい》にして免《まぬ》がるるのみ。

人は本来真っすぐに生きていくものだよ。それを歪めて生きていられるのは、まぐれでたまたま助かっているだけだ。

雍也《ようや》篇6—19

子曰、人之生也直。罔之生也、幸而免。

いまの世の中、相変わらず悲惨な事件や犯罪が後を絶ちません。それらの報道にふれるたびに、人間はなんと愚かなことをするのかと思わずにいられません。ごく普通の、平穏な人生を送ることもできたはずの人が、どこでどう道を誤ってしまうのでしょうか。

孔子は、人間は本来、正直に生まれついていて、育っていく過程と心の持ち方で変わっていくと考えていたようです。「性《せい》、相近し。習《なら》い、相遠し」（陽貨篇17―2）とは、人の本性はみな同じようなものだが、その後の生き方、学習によって大きな差が生まれてくる、ということです。

だからこそ詩や礼楽を学ぶことをすすめ、「仁《じん》」（人の道・思いやる心）を重んじる教えを説いたのでしょう。

「人の生くるや直し」。この章句の意味をもう少し付け加えれば――生まれ持った正直の道にしたがっていけば、道を踏み外すことなく人は生きていけるものだ。真っすぐであるはずの道を歪めたり、ねじ曲げて生きている者は、たまたま運よく助かっているだけで、それはまっとうな生き方ではない。……いまはよくても、いつかきっと手痛い目に遭《あ》うぞ、ということです。

◎われを美しくする生き方とは

義《ぎ》を見て為《せ》ざるは、勇《ゆう》なきなり。

人として行うべきことをわかっていながら、それをしないのは臆病者である。

為政《いせい》篇2—24

見義不為、無勇也。

「義」とは、正しいこと、正義。また人として行わなければならない道を意味します。そうすることが正しいとわかっていながら実行しないのは、勇気がない人間だ、臆病者だと、孔子は断じています。

いまを生きる私たちすべてが、あらためてかみしめるべきことばかもしれません。弱い者をいじめる、組織ぐるみで不正をごまかす、女性に迷惑行為をはたらく……そうした行為を目にしながら、「やめなさい」と制止することさえできない人が増えてしまいました。なぜできないのでしょう? 面倒なことに関わりたくない、波風立てずにいたい、自分だけいいカッコしたくない、またいっときの自分の利益や保身のためという理由もあるでしょう。

しかし、言うまでもなく、見て見ぬふりをするのは卑怯なことであり、正しい行動を起こさないのは「仁」にも「義」にも反することです。

この「義」とは「羊」と「我」を合わせた文字で、羊は「美・善」に通じ、「義」には「我を美しくする」という意味があります。「義」や「勇」を古くさいなどと思わず、この時代こそ〝義を見て為ざる〟は人の道に反するということを心に刻み、美しい生き方、勇気ある生き方を目指したいものです。

◎見かけより中身が大事

子曰く、巧言令色《こうげんれいしょく》、鮮《すく》なし仁《じん》。

口先のうまい人や、見かけばかりのものにロクなものはないよ。

学而篇1—3

子曰、巧言令色、鮮矣仁。

ことば巧みに相手の気持ちをつかみ、外見もスマートで見栄えがよければ、世の中をうまく渡っていけそうです。自分が口下手だったり、外見にコンプレックスを持っていたりすると、そんなふうになりたいと思いがちかもしれません。

でも孔子は、「口がうまいのや外見にばかりこだわるような人は、だいたい『仁』が欠けているものだ」と言っているのです。

「仁」とは、孔子が人に最も大切なものとする、思いやり、いつくしみの心、他者への愛です。人への「情け」といってもいいでしょう。

『論語』には、理想とする「仁」について、孔子がさまざまな場面でさまざまな角度から語ったことばが多くあります。中でもこの「巧言令色、鮮なし仁」と対照的なことばに、「子曰く、剛《ごう》、毅《き》、朴《ぼく》、訥《とつ》、仁に近し」（子路篇13―27）がありま す。「真っ正直で、勇敢で、気どらず、寡黙《かもく》なのは仁者に近い」というのです。

世間では「口先や外見だけでは人柄はわからない」ともいい、「やはり外見やことばに人柄は表れるものだ」ともいいます。どちらが真実かというより、大事なのはまず人を見る眼を養うことでしょう。でも「鮮なし仁」と言い切った孔子のことばは肝《きも》に銘じておくとよさそうです。

◎真の人格者は孤立しない

子曰く、徳《とく》は孤《こ》ならず、必ず鄰《となり》あり。

徳のある者はけっして孤立することはなく、必ず仲間が現れるものだ。

里仁《りじん》篇4—25

子曰、徳不孤、必有鄰。

正しい生き方を求め、修養してみずからの人格を高めることを昔は「徳を積む」と言いました。また、品性・人格がすぐれた人を「徳が高い」などと言いました。

徳、人徳、道徳。いかにも古めかしく、いまの時代にそぐわないことばかもしれません。明治から昭和の中ごろまでこれらのことばが尊重されてきた反動なのか、ここ数十年の日本人は「徳」や「道徳」を軽んじ、別のもの、たとえばお金や日常的な快楽、自己満足といったものに価値をおいてきたような気がします。

しかし、お金を稼いだり、その場しのぎの快楽のためにあくせくする生活にくたびれ、本当の生き方ってなんだろうと、ふと考えたとき、修養によって自分の品性・人格を磨くことがまず先だったことに気づくはずです。

どんなにお金儲《もう》けが上手でも、いくら権力を持っていても、品性・人格の欠けた人物には真の仲間や協力者はできません。人が寄ってくるのは財産や権力が目当てで、その効力が薄れればみな離れてしまいます。

しかし、身につけた徳には周りをも感化する力があります。孔子はここで「徳のある者は孤立して埋もれたまま終わることはない」と言っています。声高に自分をアピールしなくても、必ずよき理解者が現れ、協力してくれるのです。

◎やましさのない生き方こそ

子曰く、知者《ちしゃ》は惑《まど》わず、仁者《じんしゃ》は憂《うれ》えず、勇者《ゆうしゃ》は懼《おそ》れず。

知の人は惑わない、仁の人は憂えない、勇の人は恐れない。

子罕篇9―30

子曰、知者不惑、仁者不憂、勇者不懼。

ものごとの道理をわきまえた知の人は、どんな問題に直面しても、判断を失っておろおろするようなことはありません。人の道にしたがう仁の人は、だれにでも誠意を尽くし恥じることのない生き方をしているので、憂い（くよくよした心配ごと）をいだくことがありません。また、強い信念と決断力を持つ勇の人は、どんな状況にあってもびくびくと恐れることがありません。

「知」と「仁」と「勇」、これらをバランスよく備えた人物こそ「君子」、すなわち真の人格者と言えるのでしょう。

孔子は、弟子の司馬牛《しばぎゅう》に「君子とはどんな人物でしょうか」と問われたとき、「君子は、憂えず恐れず」と答え、「では、何も憂えず何も恐れなければ、それですぐ君子といえますか」と重ねて問われると、「内に省みて疚《やま》しからざれば、夫《そ》れ何をか憂え何をか懼《おそ》れん（自分の心を省みてなんらやましいところがなければ、何を憂え、何を恐れることがあろうか）」と答えています（顔淵篇12—4）。

心に恥じることのないまっとうな生き方をしていれば、問題が生じたときも、必要以上におろおろしたり恐れたりせずに対処できるはずです。

惑い、憂い、恐れてばかりいる現代の私たちを鋭く突いてくることばです。

◎人の真価がわかるとき

子曰く、歳寒《としさむ》くして、然《しか》る後《のち》に松柏《しょうはく》の彫《しぼ》むに後《おく》るることを知る。

寒さのきびしい季節になって初めて、松や柏が緑の葉を枯らさぬことのすごさがわかる。

子罕篇9―29

子曰、歳寒、然後知松栢之後彫也。

松や柏《かしわ》は、周りの木々が青々とした葉をつけているときは、地味で目立たない存在です（この柏はコノテガシワなどのヒノキ科の常緑針葉樹のこと）。

しかし、きびしい寒さがやってきて、周りの木々の葉が枯れしぼんだとき、寒風に耐えてなおも緑の葉をつけている松や柏の存在が際立ってきます。

昔から中国では、「松樹千年翠《しょうじゅせんねんのみどり》」「松柏千年青《しょうはくせんねんのあお》」といって、逆境に耐えて緑の葉を保ち続ける松や柏のような生き方を称えてきました。

季節が変わったからといって、枯れたりしぼんだりせず（「彫むに後る」とは、しぼまないこと）、おのれの変わらぬ姿を保ち続けること。それは自分の信念を曲げず、変節することなく生きていく強い意志を象徴しています。

人も、逆境や苦難のときこそ、その真価がわかるのです。

弱い人間は、周囲が変化するとたちまち自分の本分を守れなくなったり、周りに迎合して、簡単に信念や主張を変えてしまいます。

時代の流れに合わせ、お金や名声を追っかけて変化をくり返す生き方もあるでしょう。しかし、逆境にあっても揺るがない信念を持ち、どっしりとその姿を変えない強い生き方への敬意を忘れてほしくないのです。

◎貧しくとも正直がいちばん

子曰く、疏食《そし》を飯《くら》い水を飲み、肱《ひじ》を曲げてこれを枕とす。楽しみ亦《ま》た其《そ》の中《うち》に在《あ》り。不義《ふぎ》にして富《と》み且《か》つ貴《たっと》きは、我《われ》に於《お》いて浮雲《ふうん》の如《ごと》し。

粗末な食事をして水を飲み、肘を枕にして寝る。そんな質素な暮らしの中にも十分楽しみはあるものさ。不正なことをして金持ちになり、高い身分を得るようなことは、私にとっては浮雲のように無縁なものだね。

述而《じゅつじ》篇7—15

子曰、飯疏食飲水、曲肱而枕之、楽亦在其中矣。不義而富且貴、於我如浮雲。

「浮雲」は、空に浮かんで漂っているはぐれ雲のこと。他と関係のないものという意味のほか、不安定ではかないことのたとえでもあります。

仁者とは、君子とは、と理想を高く掲げた教育者の一面を持つ孔子ですが、道徳家や指導者となる人材の育成だけを目的に門人に教えていたわけではありません。「仁」を核とした人の生き方を模索し、このような率直で味のあることばも多く残していることが、人々の心をとらえてきた理由でしょう。

「不義にして（不正なことをして）」お金や地位を得ようとする人間は、いまの世の中にも絶えません。不正をごまかして成功した人間を、「あいつ、うまいことやったな」と羨ましがるような風潮さえ一部にはあります。孔子は「そんなこと私には無縁だなあ、なんの価値もないなあ」と言っているのです。

高級レストランで食事ができなくても、ふかふかのベッドに寝られなくても、不義に生きるよりは、粥《かゆ》でもすすりながら真っ正直に生きていくほうがよほど生きる楽しみを見つけられるはずです。「人の道を外れ、不正を働いて富と地位を得たとして、なんの喜びがあろうか？　義にしたがう生き方にはおのずと喜びが生じるものなのだよ」――孔子のそんな呟《つぶや》きが聞こえてきそうです。

◎わが道を貫くもの

吾《わ》が道は、一以《いつもつ》て之《これ》を貫《つらぬ》く。

わが人生は一つのことで貫かれている。

里仁篇4―15

吾道一以貫之哉。

堂々、こんなことばを吐ける人生を目指したいものです。

本来このことばが出てくる章では、次のような問答が交わされています。

「子曰く、参《しん》よ、吾が道は一以て之を貫く。曾子《そうし》曰く、唯《い》。子《し》出《い》づ。門人問うて曰く、何の謂《い》いぞや。曾子曰く、夫子《ふうし》の道は忠恕《ちゅうじょ》のみ。」

「参」とは、門弟の曾子のことです。先生（孔子）が言いました。「参よ、わが道は一つのことで貫かれている」。曾子は「はい」と答えました。

先生が出ていくと、門人が「いまのはどういう意味でしょうか」とたずねます。曾子は答えました。「先生の生き方は忠恕で貫かれているということだ」。

最後を漢文で記すと「夫子之道、忠恕而已矣」で、「忠恕」とは誠実で思いやりが深いこと。自分の良心に忠実である「忠」と、思いやりを意味する「恕」を組み合わせた語で、「まごころ」という日本語がふさわしいでしょう。

『論語』を読むと、孔子という思想家の根本を貫いていたのはまさにこの「忠恕」で、いささかもブレがないことがわかります。

「一以て之を貫く」。弟子をして「唯（そのとおりです）」とうなずかせてしまう孔子という人物は、強い信念を持った「忠恕」の人でした。

◎自分の意志と責任で動け

子曰く、君子《くんし》は諸《こ》れを己《おの》れに求《もと》む。小人《しょうじん》は諸れを人《ひと》に求む。

人格者というのは、何ごとにも責任を自分に求める。ちっぽけな人間は、すぐ責任を他人に押しつけるものだ。

衛霊公篇《えいれいこうへん》15―21

子曰、君子求諸己。小人求諸人。

言い訳、言い逃れ、責任転嫁、責任のなすり合い。人のそういう姿を目にすると、非常にがっかりさせられるものです。信頼していた相手であれば、なおさら裏切られた気持ちになるでしょう。

ミスやトラブルの責任を部下に押しつける上司、不祥事の責任逃れをする企業のトップ……。たった一回そうした言動を見せただけで、これはもうあっという間に信頼を失ってしまいます。そして、その失ったものを回復するのは容易なことではありません。責任を逃れていっとき自分の身を守ったところで、得るものより失うもののほうがはるかに大きいのです。

孔子のこのことばは、行動のすべてにおいて「己《おの》れに求む」、つまり自分の意志と責任によって行うのだという意識を持て、ということでしょう。仕事でも学習でも修業でも、人にやらされているのではなく、自分の中に目的意識を持てるかどうかで大きく変わってきます。

その意識があれば、成果が上がらなかったり失敗しても、自分自身に責任を求めて反省することができます。何がいけなかったのか、みずからを省みて改めていくことで、人はさらに成長していくことができるのです。

◎調和するか雷同するか

子曰く、君子《くんし》は和《わ》して同《どう》ぜず。小人《しょうじん》は同じて和せず。

人格者は他人と調和はするが雷同しない。凡人は雷同するが調和はしない。

子路《しろ》篇13—23

子曰、君子和而不同。小人同而不和。

孔子が尊重していたことの一つが「和」です。

ここでは「和」と「同」をはっきりと対比させて、他人との調和や和合（親しみ合うこと）を重んじているのがわかります。

徳の道を歩む者は、人との調和を求めるが、雷同《らいどう》はしない——。

雷同とは、自分の考えも持たずにむやみに同調すること。ゴロゴロと一か所で雷鳴がすると、それに合わせるようにあちこちでゴロゴロと雷鳴がひびくことからきています。

徳のない凡人は、やたらと人に同調はするけれど、調和はしない——。

安易に人の意見に雷同する者は、別のところでゴロゴロと雷鳴がすれば、そっちへ行ってまた自分もゴロゴロ鳴らすだけです。

自分の考えや主張を持って、互いに意見を交わしたうえで他者と調和させていく、そういう人物を目指してくれよ、というのが孔子の思いでしょう。

ちなみに、「和」に関しては、聖徳太子が発令したとされる「十七条憲法」の第一にある「和《わ》を以《もっ》て貴《とうと》しとし」は、『論語』の学而篇（1—12）にある「礼の用は和もて貴しと為す」からの引用だとされています。

◎命をかけて守るもの

子曰く、志士《しし》仁人《じんじん》は生《せい》を求めて以《もっ》て仁《じん》を害《がい》するなし、身《み》を殺《ころ》して以て仁を成《な》すあり。

志士や仁者は、自分の生命を惜しんで人の道に背くようなことはしない、むしろ命を犠牲にしても仁の道を貫くものだ。

衛霊公篇15—9

子曰、志士仁人、無求生以害仁、有殺身以成仁。

「身を殺して以て」という強いことばが見られる一章です。

志士も仁者も、ただ生きているだけで満足する者ではありません。人間として、人の道に生きることを志し、それを貫こうとする者です。

自分の命が惜しくて、あるいは自分が食べて生きながらえていくために、人の道に背くようなことはしない。むしろ命を犠牲にしても人の道を貫くのが志士や仁者である、と孔子は言っています。

死んでしまったら、仁も不仁もあるものか、という考え方もあるでしょう。しかし、人間の歴史には、このような生き方を貫いて命を失った人たちは大勢いるはずです。大昔の中国にも、武士道や仁義の観念が残っていた日本でも。

その死を笑ったり、おとしめることはだれにもできません。人の道に背いてまで生きたいと思うか、信じる生き方をまっとうするか。これは人間の根源にかかわる問題ですが、孔子はここでその答えを述べているのです。

孔子の説く「仁」や「徳」の道は、ただ真面目な人格者や道徳家を育てるといった生易しいものではなく、ときに命をかける激しさや強さを求める真摯《しんし》なものだったことが、このことばから伝わってきます。

◎窮して乱れるは小人のこと

子曰く、君子固《もと》より窮《きゅう》す。小人は窮すればここに濫《みだ》る。

君子だって、もちろん窮することはあるさ。小人は窮すると取り乱すが、君子は冷静だ。

衛霊公篇15―1

子曰、君子固窮。小人窮斯濫矣。

孔子は五十代半ばに故国の魯《ろ》を去り、従者を連れて十数年にもわたる亡命生活を送っています。

この章句はその亡命中のエピソードで、本来は次のような前文があります。「陳《ちん》に在《あ》りて糧《りょう》を絶つ。従者病みて能《よ》く興《た》つことなし。子路慍《しろいか》り見《まみ》えて曰く、君子も亦《ま》た窮すること有るか」。

陳の国にいるとき、食糧が尽き果て、供の者たちは疲労と空腹で起き上がることもできなかった。苛立った子路が孔子に面と向かい、「先生、修業を積んだ君子でも窮することがあるのですか」と問うた――。

このとき孔子の一行は、大国の楚《そ》へ行くのを妨害する者たちに包囲されて動けず、何日間も食べ物がなかったと伝えられています。従者たちが気力も体力もなくしていく中、孔子はいつものように詩を朗誦《ろうしょう》し、礼楽の実習を行ったそうです。

子路の問いは、「身動きもとれず、食い物もない、先生はなぜこんなときも平然としていられるのですか!?」と食ってかかったということでしょう。

その孔子の返答が右の章句で、「君子だってもちろん窮するさ、小人の違うところはこんなとき取り乱すこととさ」と、泰然としたさまが見事です。

◎過剰な生き方に疲れたら

子曰く、約《やく》を以《もっ》てこれを失《うしな》う者は、鮮《すく》なし。

慎ましくしていて、そのことによって人生を失敗する人は少ない。

里仁篇4—23

子曰、以約失之者、鮮矣。

何ごとにおいても慎ましさというのがじつは大事で、出過ぎたことや過剰なことを控えれば、失敗したり失うことは少ない、ということです。

「約」とは控えめで質素なこと。倹約の意味もあります。最近はあまり使いませんが、「約《つづま》やか」とは、簡潔で要を得ていることや、慎ましいようすをさすことばです。

多くの弟子たちを見て、また亡命中に諸国の人々の暮らしに接してきた長年の経験から、「言動においても、物質的な欲求においても、控えめで慎ましいことを基本におけば、人生において失敗することは少ないものだ」と孔子は述べているのでしょう。

現代においては、「そんな消極的なことでは生きていけない」という反論も聞こえてきそうです。しかし、言いたいだけのことを言い、使えるものは消費し尽くし、儲かると見れば貪《むさぼ》り尽くす、そんな過剰な暮らしに疲れてしまったり、傷ついてしまう人も多いのではないでしょうか。慎ましく謙虚なことは、本来日本人の美徳でもあったはずです。過剰を求めれば失うものも多くなります。「約」をもって生きれば、失うことも、傷つけ合うことも少ないのです。

◎一流の人ほど謙虚である

子曰く、君子は泰《ゆた》かにして驕《おご》らず、小人は驕りて泰かならず。

一流の人は落ち着いていて謙虚だが、二流・三流の人は尊大ぶって落ち着きがないものだ。

子路篇13―26

子曰、君子泰而不驕、小人驕而不泰。

どんな分野でも、真に一流の人間というのは泰然として謙虚なものです。オリンピックに出るほどのトップアスリート、古典芸能や音楽界の第一人者、人間国宝の芸術家や工芸作家など、超一流と言われる人たちほど、その口から出ることばも、人前での態度もじつに控えめなことが多いのです。

オリンピックの水泳で金メダルをとったある選手は、インタビューのたびに「もっと高いレベルを目指したい」と言っていました。一流人ほど、そのコメントには「自分はまだまだ努力が足りない」「いまだに満足した作品が作れない」といった謙虚なことばが聞かれます。

反対に、自分に自信が持てないのに、能力以上に自分を見せようとする二流・三流の人は、落ち着きがなくセコセコして、尊大な態度をとりがちです。

孔子は「君子は坦《たい》らかに蕩蕩《とうとう》たり（君子は穏やかでゆったりしている）」（述而篇7—36）とも言っています。

自分がしてきたことに誇りと自信を持っていれば、態度は自然と落ち着いたものになり、自分が目指そうとするものがさらに高いところにあれば、けっして驕ることなく謙虚な人間になるのです。

◎いちばん大事なところを忘れるな

人にして仁《じん》ならずんば、礼《れい》を如何《いかん》せん。人にして仁ならずんば、楽《がく》を如何《いかん》せん。

人としての誠意がなければ、礼儀をどうこう言っても始まらない。人としての情愛がなければ音楽がどうのこうのと言っても始まらない。

八佾《はちいつ》篇3—3

人而不仁、如礼何。人而不仁、如楽何。

ハートが入ってなければ「礼」も「楽」も意味がないぞ、ということです。

日ごろ弟子たちに、「礼を学べ、楽を習え」としつこいほどに指導してきた孔子は、それが形だけのものになってしまうことを恐れていたのでしょう。

「礼」は礼儀作法、立ち居振る舞い、公式儀礼の手順などを含め、社会の規範を形にしたもの。「楽」は「礼」に伴って楽器を奏でたり歌うことで、これらを礼楽」として学ぶことが孔子の学団での主要な日課でした。

カッコだけ、スタイルだけ真似したような「礼」ではいけない、「楽」の技術だけいくら上達してもいけない、そこに人としての心や情が入っていなければ、いくら「礼」だ「楽」だと学んだところで始まらない――。

つまり、いちばん大事なところを忘れてくれるなと孔子は言っているのです。

小笠原流などの日本の礼法でも、あらゆる作法のもとをたどっていくと、行き着くのは他者への「思いやり」「まごころ」だといいます。

茶道でも、所作の一つ一つに意味があり、それは亭主と客の「一期《いちご》一会《いちえ》」を大事にする心から生まれたものだといいます。

人の心（仁）の伴わないものは、いくら形だけ洗練されても意味がないのです。

◎人をほめるのも人生の楽しみ

孔子曰く、益者三楽《えきしゃさんらく》、損者三楽《そんしゃさんらく》。礼楽《れいがく》を節《せっ》するを楽しみ、人の善を道《い》うを楽しみ、賢友《けんゆう》多きを楽しむは、益《えき》なり。驕楽《きょうらく》を楽しみ、佚遊《いつゆう》を楽しみ、宴楽《えんらく》を楽しむは、損《そん》なり。

孔先生が言われた、有益な楽しみが三種、有害な楽しみが三種ある。礼や音楽をたしなむこと、人の美点をほめること、よき友人をたくさん持つことは有益だ。わがまま勝手をして、気ままに遊び回り、酒盛りばかりしているのは有害だ。

季氏《きし》篇16―5

孔子曰、益者三楽、損者三楽。楽節礼楽、楽道人之善、楽多賢友、益矣。楽驕楽、楽佚遊、楽宴楽、損矣。

人生の楽しみにも、有益なものと有害なものがあります。気ままに遊び暮らし、飲み会ばかりやっていたら、そのいっときは楽しかろうが、学問や日々の努力を怠るようになるから、人生にとっては有害なのだよ――。孔子の意図はそんなところでしょう。楽しければいいじゃないか、と享楽的になりがちな現代人には、ちょっと耳の痛いことばかもしれません。

「人の善を道《い》うこと」、つまり他人の善行やよいところをほめるのは有益な楽しみだと言っていることに注目しましょう。

他人の長所・美点を見つけて指摘してやることは、言われた当人も嬉しいことですが、言う側も嬉しいものです。本人も気づいていない美点を教えてあげることは、その人にとってちょっとした自信にもなるはずです。

また、人の善行をさりげなく話題にしたときは、その場にいるみんなが嬉しくやわらいだ気持ちになるものです。テレビのニュースでは、毎日毎日事件や犯罪を報道し、気持ちの暗くなるような話題が多くを占めています。小さな善行などニュースにならないという現実があるのでしょうが、せめて身近なところでは、ちょっとしたいい話があればもっと話題にしてもいいのではないでしょうか。

Rongo Column 1

◎『論語』のなりたち

『論語』は孔子（紀元前五五二〜前四七九）とその弟子たちの言行を記録したもので、孔子の没後、弟子やその孫弟子たちの手で原形がつくられました。秦《しん》（紀元前二二一〜前二〇六）の始皇帝《しこうてい》の時代には「焚書坑儒《ふんしょこうじゅ》」によって書物が焼かれ、儒教排斥の受難の時期がありました。しかし、孔子の子孫らは『論語』の原本を家の土壁に塗りこめて隠し、そのため後世に『論語』を伝えることができたという話が伝わっています。

当時の書物は紙に書かれたものではなく、細長い木簡《もっかん》や竹簡《ちくかん》に書いてひもで編んだもので、それを巻物のようにまるめて一巻、二巻と数えていました。紙でなかったゆえに壁土に塗りこめて難を逃れることができたわけです。

現在読まれている『論語』に近い形式に整えられたのは前漢〜後漢時代といわれ、前一三六年に武帝が儒教を国教に定めたことから、孔子は聖人として崇拝され、『論語』は儒教の聖典として広く読まれるようになりました。

以後中国では二千年以上にわたって（文化大革命当時の一時期を除く）知識階級の必読の書とされ、現在では多くの言語に翻訳されて「聖書」とともに世界的ロングセラーとして読み継がれています。

第二章

生きることは学ぶこと

◎あと一歩の努力を惜しまず

子曰く、苗《なえ》にして秀《ひい》でざる者《もの》あり。秀でて実《みの》らざる者あり。

苗まで育ったのに、穂《ほ》を出さないのもいる。穂を出したはいいが、実を結ばずに終わるのもいる。

子罕篇9―22

子曰、苗而不秀者有矣夫。秀而不実者有矣夫。

まるで、プロ野球の老監督のボヤキに出てきそうなことばです。持っている力を発揮できずに終わってしまう多くの若者を見てきた指導者というのは、二千五百年前もいまも、同じような感慨を抱くのかもしれません――。

せっかく芽吹いて苗にまで成長したのに、穂も出さず花も咲かせず止まってしまう人。穂を出したのに、実をつけずに終わってしまう人。このような人と、立派な花を咲かせ、果実を実らせる人との違いはどこにあるのでしょうか。

孔子はこんなことも言っています。「譬《たと》えば山を為《つく》るが如《ごと》し。未《いま》だ成《な》らざること一簣《き》にして止《や》むは、吾《わ》が止むなり。譬えば地を平《たい》らかにするが如し。一簣を覆《ふく》すと雖《いえど》も、進むは吾が往《ゆ》くなり」（子罕篇9―19）。大意はこうです。

「（ことを成すのは）たとえば土を積み上げて山を作るようなものだ。あともう少し土を運べば山ができるというのに、やりとげないのは、やめた自分の責任である。たとえば土地を平にならすこともそうだ。たったカゴ一つ分の土をあけるだけでも、その進行した部分は、みずから進んでやったからこそできたのである」。

同じような才能・能力を持っていても、カゴ一つ分を運ぶかどうか、もうあと一歩の努力をするかしないかで、運命は変わってしまうのです。

◎他人を鏡として自分を見る

子曰く、賢《けん》を見ては斉《ひと》しからんことを思い、不賢《ふけん》を見ては内《うち》に自《みずか》ら省《かえり》みるなり。

すぐれた人を見れば同じようになろうと思い、思わしくない行いの人を見たら、そうならないようにわが身を反省することだ。

里仁篇4—17

子曰、見賢思斉焉、見不賢而内自省也。

他人は、自分を映し、成長させる鏡になります。

日本にも、「人のふり見てわがふり直せ」ということわざがあります。たとえば、だらしない格好で歩いている人を見て「みっともないなあ」と笑う前に、そういう自分はちゃんとしているかどうか改めなさい、という戒めです。

他人の行為を見て、見習うべきものは見習い、わが身に振り返って反省すべきところは反省し、直していく。そういうことが、かつては日常の暮らしの教育になっていました。家庭では親が黙って手本を示し、子どもたちは食事の仕方から公共の場で守るべきマナーまで、親の真似をして覚えたものです。学校では教師が、家の外では近所のおじさん・おばさんたちも、たとえ「賢」ではなくても大人としての手本を示したものです。

ところが最近は、大人も子どもも自分のことにだけ関心が向いてしまい、率先して自分が手本になろうなどという意識は薄れ、他人の善行を見ても、愚劣な行為を見ても、「われ関せず」と無関心な人ばかり増えてしまいました。

いまいちどこの孔子のことばを胸にとどめ、「他人を鏡として」自分を見つめ、自分を成長させようという意識を持つことが必要ではないでしょうか。

◎いちばん強いのは楽しむこと

子曰く、之《これ》を知《し》る者《もの》は之を好《この》む者に如《し》かず。之を好む者は之を楽《たの》しむ者に如かず。

それを知っているというだけでは、それが好きな人間にはかなわない。好きというだけでは、それを心から楽しんでいる人間にはかなわない。

雍也篇6―20

子曰、知之者不如好之者。好之者不如楽之者。

「之」とは、本来は「学問」とか孔子が説く「道」のことでしょう。しかし、「之」に「趣味」や「仕事」などのキーワードを当てはめてみると、いっそう意味が鮮明になります。

知っている・理解しているというだけでは、好きでしょうがないという人にはかないませんね。好きだという人も、心から楽しんで生活の一部のようにハマっている人にはかないません。

言いかえれば、知性・理性のレベルだけで知っているだけでは、感情のレベルで好むことには及ばず、感情で好むことは、全身で楽しみ熱中していることには及ばないということです。

趣味でも仕事でも、それを心から楽しむことができてこそ真に理解が深まり、ものの本質がわかるということでしょう。これは恋愛などの人間関係においても、ただ「好き」という感情から一歩進んで、互いの交流を「楽しむ」ことができればいい関係をつくれそうです。「仁」や「君子」についての孔子のことばも立派ですが、こんなことばをサラッと弟子たちの前で話していた孔子という人物の、思想家としてのすごさを思い知らされることばです。

◎古人の知恵をいまに生かす

子曰く、故《ふる》きを温《たず》ねて新《あたら》しきを知れば、以《もっ》て師《し》と為《な》すべし。

古いことを研究し、そこから新しい知識や方法を得る人がいれば、その人を指導者としてよい。

為政篇2―11

子曰、温故而知新、可以為師矣。

「温故知新《おんこちしん》」（昔のことを研究し、そこから新しい知識や見解を得る）という四字熟語のもとになったことばです。

書物などで古い時代のことを勉強し、知識を得て、いまの時代に生かす新しい思考や方法を見つける。そのような人こそ指導者（教師）になれる、あるいはそのような人でなければ指導者になる資格はない、ということです。

孔子が生きたのは約二千五百年前の春秋《しゅんじゅう》時代で、「故き」といっても、その当時に読むことができた書物は『書経《しょきょう》』（夏《か》・殷《いん》・周《しゅう》など古代王朝の政令や帝王の言行録をまとめたもの）、『易経《えききょう》』（占術の理論書）、『詩経《しきょう》』（中国最古の詩集、孔子が編集したともいわれる）などごく限られたものだったはずです。

孔子はそれらをくり返し勉強しては、古代の聖王や賢人たちの行いから学び、「詩」や「礼」（冠婚葬祭などの作法のほか、社会の規律・文化を成すもの）の大切さを弟子たちに伝えました。

現代でも〝故きを温ねて〟古典にふれると次のことばが心にしみてきます。

「子曰く、詩に興《おこ》り、礼に立ち、楽に成る。（人の教養というのは、詩の感動によって始まり、礼によって安定し、音楽によって完成する）」（泰伯篇8―8）。

◎教わるだけでも、考えるだけでもだめ

子曰く、学《まな》びて思《おも》わざれば則《すなわ》ち罔《くら》し。思いて学ばざれば則《すなわ》ち殆《あや》うし。

教わるばかりで自分の頭で考えようとしなければ、ものごとははっきり見えてこない。自分で考えるばかりで、教えを仰ぐことをしなければ、独断におちいって危険だよ。

為政篇2—15

子曰、学而不思則罔。思而不学則殆。

孔子が「学ぶ姿勢」について述べたことばです。

一つは、学ぶということは、人から教えてもらうだけでなく、自分の頭で考えることをしなければ生きた学問にはならないということ。

もう一つは、自分だけで考えてわかったつもりになり、周りから学ぼうとしないでいると、道を誤りやすく危険だ――という忠告です。

いまの時代にも十分通用することばでしょう。紀元前六世紀から前五世紀に生きた孔子は「世界最初の思想家」といわれ、またこのことば一つを見てもわかるように、非常にすぐれた教育者としての資質を備えていたようです。

学ぶだけでも、思うだけでもだめで、両方のバランスが大事なのです。

知識や情報を外から取り込むだけでは、パソコンの保存ファイルをただ増やしているようなもので、学んだことを実地に活かすことはできません。知識だけでは、よりよく生きるための真の「教養」にはならず、また、独りよがりに自分の狭い世界だけで考えるだけでは、社会に通用する見識が生まれません。

「思いて学び・学びて思う」ことが本当の学問であり、自分という人間を磨くことになるのです。

◎認めらずとも信じる道を行く

子曰く、学《まな》びて時《とき》にこれを習《なら》う、亦《ま》た説《よろこ》ばしからずや。朋《とも》あり、遠方《えんぽう》より来《き》たる、亦《ま》た楽《たの》しからずや。人知《ひとし》らずして慍《うら》みず、亦《ま》た君子《くんし》ならずや。

学んだことを、折を見ては復習する、これは楽しいことだね。懐かしい友だちが、ふいに遠くからたずねて来てくれる、これもまた嬉しいことだね。世間が自分のことを理解してくれなくても、人を恨まずクヨクヨしない、こういう人こそ立派な人物だよ。

学而篇1―1

子曰、学而時習之、不亦説乎。有朋自遠方来、不亦楽乎。人不知而不慍、不亦君子乎。

　これは『論語』約五百章の冒頭に登場する有名なことばです。「習う」はおさらい（復習）すること。「学びて時にこれを習う」とは、時を選んで復習し、実践していけば、理解が深まり自分のものになるということです。「朋」とは友と同意で、同門の友という意味もあり、ここでは同じ志を持ち、ともに学んだ友人ということでしょう。「君子」とは徳のある人物、真の人格者のこと。指導者・教養人の意味で使う場合もあります。

　学んだことをおさらいし、身につけていくことは楽しいことだなあ、古い友だちがはるばる遠くから会いに来てくれるなんて嬉しいことだなあと、機嫌よく語る孔子が見えるようです。そして、「このような努力を続けている自分を人（世間）が認めてくれなくてもいいじゃないか、恨みがましいことを言わずにいられるのは徳のある人物だよ」と孔子は言うのです。

　学んで、習い、友との友情を大切にし、たとえ人の目にふれなくても努力を怠らない――そうした単純な日々の中にも喜びというものはあるのです。

　信じる道を歩み、そこに楽しみや喜びが得られるなら、その生き方はまちがいではないよ、十分価値があるよ、と勇気づけてくれるようなことばです。

◎学ぶなら足を止めず油断せず

子曰く、学《がく》は及《およ》ばざるが如《ごと》くするも、猶《な》おこれを失《うしな》わんことを恐《おそ》る。

学問は、追っても追っても追いつけないくらいの気持ちで励み、油断したら失ってしまうと恐れるくらいの姿勢でやるものだ。

泰伯《たいはく》篇8―17

子曰、学如不及、猶恐失之。

学問というのは、果てしのない追いかけっこのようなものです。はるか先を行っていた相手を目標に、がんばって追いかけて、ようやく追いつこうかというとき、ちょっと気を抜いただけで見失ってしまうこともあります。やっと相手をつかんだぞと思っても、油断してそれを失うことを恐れなさい。つまり、学問を志すなら、どれだけ勉強しても「自分はまだまだ十分ではない」という気持ちを忘れてはいけない、ということです。

学校や進学塾の標語にそのまま使えそうな名言ですが、孔子はもちろん、いい学校へ入って一流企業や官庁に就職し、お金に困らず暮らしたい、というような人間を育てるために「学問」をすすめていたのではありません。

「古《いにしえ》の学者は己《おのれ》の為《ため》にし、今の学者は人の為にす」（憲問篇14─25）と、皮肉めいたことばも残しています。昔の学徒は自分の修養のために学問をしたが、近ごろの者は人に知られ、評判を得たいために学問をしている……というのです。

本来、おのれのために学ぶとは、自分を鍛え、徳と知恵を身につけ、社会に貢献できる人間として成長するために学ぶということ。世の中のために学ぶのであって、自分の利益や名声のために学ぶのではないのです。

◎師は日々の暮らしの中にいる

子曰く、三人で行くとき必ず我《わ》が師《し》あり。其《そ》の善《よ》き者《もの》を択《えら》びてこれに従《したが》い、其の善からざる者はこれを改《あらた》む。

三人で行動すれば、きっとそこに自分の師となる人がいる。善なる人を選んでそのよいところを手本とし、不善なる人を見ては、わが身に振り返ってそうならないよう改めることだ。

述而篇7―21

子曰、三人行、必有我師焉。択其善者而従之、其不善者改之。

『論語』という古典が、いまも世界的ロングセラーとして読み継がれているのは、そこに時代や民族・国家を超えた普遍性があるからでしょう。

孔子のことばは、私たちにあらためて「人として本当に大事なことは何か、人間らしく生きるための規範とはどんなものか」を問いかけ、困難や悩みの多い人生を「よりよく生きる」ためのさまざまな指針と、勇気を与えてくれます。

とくにいまの時代、若い人にとっては、生き方を導き、人生の針路を示してくれる「師」と出会うことがむずかしくなってきています。孔子のことばは、そんな現代人にとっての「師」となり、進むべき道を照らす灯りとなってくれるのではないでしょうか。

その孔子が言っています。「三人で行動をともにするとき、必ずよい手本となる人がいて、何かしら得るところがあるはずだ。よい人の行動を師として見習い、よからぬ行動をとる人を反面教師として、みずからの行動を改めるようにすることだ」と。師とは学舎にだけいるわけではなく、日々の暮らしの中で出会う人たちの中にいます。人から学びとろうという素直な気持ちを忘れずにいれば、人生の師は、どこでも見つけることができるのです。

◎自分で限界を決めるな

冉求《ぜんきゅう》曰く、子《し》の道《みち》を説《よろこ》ばざるに非《あら》ず。力足《ちからた》らざればなり。子曰く、力足らざる者は中道《ちゅうどう》にして廃《はい》す。今女《いまなんじ》は画《かぎ》れり。

弟子の冉求が言った。「先生の説く道を学ぶのは嬉しいことですが、私は力が足りず実行できません」。先生はこう言われた。「力の足りない者は、進めるところまで行って途中で挫折してしまうのはやむをえない。しかし、いまのお前は自分から見切りをつけている」

雍也篇16—12

冉求曰、非不説子之道、力不足也。子曰、力不足者、中道而廢。今女画。

「今なんじは画《かぎ》れり」。なぜ、おまえは自分で限界を決めてしまうのか――。ここでは、孔子が珍しくきびしいことばで弟子をいさめています。

せっかく先生の教えを受けても、自分の力が足りないために、その道を実践できません、と冉求は苦しい思いを師に打ち明けたのでしょう。

自分は無理だ、力不足だと、自分で自分を見限った弟子に対して、ふだんは弟子をおだやかに諭《さと》すことの多い孔子が、ここではピシャリとやっつけ、弟子を奮い立たせようとしています。

いまのお前は、まだやれるだけのことをやっていない、自分の能力の限界まで挑戦して、どうしても壁にぶちあたってしまうのは仕方がないが、いまから「自分は無理だ、できません」と見切りをつけてどうする?

スタート地点に立ったばかりの、まだ戦う前から負けを認めてしまったような弟子の姿勢が孔子は許せませんでした。指導者としては当然でしょう。

最初から自分で壁を作ってしまったら、それは越えられません。自分で限界を決めてしまったら、そこまでで努力をやめてしまいます。そうではなく、自分は果たしてどこまで進めるか、気概を持って挑戦することが大事なのです。

◎過去に学んでこそ道が開ける

子曰く、我《われ》は生まれながらにして之《これ》を知《し》る者《もの》に非《あら》ず。古《いにしえ》を好《この》み、敏《びん》にして以《もっ》て之《これ》を求《もと》めたる者《もの》なり。

私は生まれついたときからものの道理がわかっていたわけではない。昔のことを好んで学び、一生懸命に探究してきた人間なのだよ。

述而篇7—19

子曰、我非生而知之者。好古敏以求之者也。

孔子の大勢の弟子たちは、「仁とは」「君子とは」などと次々に質問を浴びせては、老先生（孔子）の答えに納得し、感服し、またその博識ぶりにも驚嘆させられていたことでしょう。

そんな弟子たちに、あるとき老先生はちょっと冗談めかして言ったのかもしれません。「諸君らは、私が生まれたときからなんでも知っていたのかと思うかもしれんが、そんなことはありゃせんよ。古いことや古典が好きで、暗誦《あんしょう》するほどに学び、まめに実践し、探求し続けてきたからいまの私があるのだよ」と。

『論語』を読むと、孔子が、先人たちの歴史から学ぶことの大切さをくり返し弟子たちに説いていたことがわかります。

子張《しちょう》という弟子が「善人」のあり方をたずねたとき、孔子は「迹《あと》を践《ふ》まず、亦《ま》た室《しつ》にも入らず」と答えています（先進篇11―20）。善人はあやまちを犯すこともないけれど、過去の賢人・聖人の歩んだ道を学習しないので「道の奥に達することはできない」と、ただ善良な人と真理を求める人の違いを述べています。

跡を踏むか踏まないか、つまり歴史や過去に学ぶかどうかで人の大きさも変わっていきます。前方しか見ない生き方では、いつか道を見失うのです。

◎まず自分から求めること

子曰く、之《これ》を如何《いかん》せん、之を如何せんと曰《い》わざる者は、吾れ之を如何ともすること末《な》きのみ。

「これをどうしましょう」「あれをどうしましょう」と自分からたずねてこない者には、私としてもどうしようもないね。

衛霊公篇15―16

子曰、不曰如之何如之何者、吾末如之何也已矣。

司馬遷《しばせん》が著わした中国の歴史書『史記《しき》』によれば、孔子には三千人の弟子がいたそうです。初期に入門した高弟たちを、孔子は「徳行には顔淵《がんえん》（顔回《がんかい》）、閔子《びんし》騫《けん》、冉伯牛《ぜんはくぎゅう》、仲弓《ちゅうきゅう》、言語には宰我《さいが》、子貢《しこう》、政事には冉有《ぜんゆう》、季路《きろ》（子路《しろ》）、文学には子游《しゆう》、子夏《しか》。」（先進篇11―3）とその資質を評価し、彼らはのちに「四科十哲《しかじゅってつ》」や「孔門《こうもん》の十哲」（孔子門下のすぐれた十人の弟子）と呼ばれるようになります。『論語』はこうした弟子たちとの問答や、折にふれて弟子たちに語ったことばが多くを占めています。

弟子たちは日ごろさかんに師の孔子に質問を浴びせていたのでしょう。孔子も、答えやアドバイスを心から求めてくる弟子たちを「来る者は拒まず」の態度で迎えていたようです。「仁とは」「君子とは」といった何度もくり返される質問にも、孔子は質問者の性格や資質に合わせて、さまざまな答え方で応じています。

しかし、自分でまず頭を悩ませて、「どうしましょう?」「どうしたらいいでしょう?」と疑問をぶつけてこない者には、孔子でさえ「教えようがない」「どうしようもない」と言っているのです。考えなければ疑問も悩みも生じません。考え、求めてこない者には、どんなすぐれた教師でも教えようがないのです。

◎求める者にこそ教えよう

子曰く、憤《ふん》せざれば啓《けい》せず。悱《ひ》せざれば発《はっ》せず。一隅《いちぐう》を挙《あ》げて、三隅《さんぐう》を以《もっ》て反《はん》せざれば、則《すなわ》ち復《ふたたび》せざるなり。

わかりたくてうずうずしているのでなければ、教えてやろうとは思わない。表現できずもどかしそうにしているのでなければ、示してあげない。四つの隅《すみ》の一つを示したら、あとの三つを自分で探すくらいでないと、それ以上教えてやらない。

述而篇7―8

子曰、不憤不啓。不悱不発。挙一隅而示之、不以三隅反、則吾不復也。

求めていない者には教えない――。これはいわば孔子が教育法を述べたもの。相手が意欲を持っているときに開発し導いていくという、いまも世界で通用する教育理論ではないでしょうか。

「憤せざれば啓せず」の「憤」は、「ふるいたつ」とか「心で求めて得られないこと」を意味し、噴き出さんばかりに心がふくれあがっている状態をさします。つまり、意欲満々、知りたくてわかりたくて、うずうずしている者には「啓す」（ひらく・教える・導く）けれど、無気力でぼーっとしているなら教えませんよ、ということです。

「悱せざれば発せず」の「悱」は「言おうとして言えないさま」。表現したくてできないもどかしさを感じているなら「発す」。つまり、がんばって、つかえて苦しんでいるなら明らかにしてあげるよ、ということでしょう。

さらに、一隅を教えたら残りの三つを自分で考え、工夫して探すくらいの姿勢がなければ、同じことをまた教えようとは思いません、と言っているのです。

この章句にある「啓」と「発」が、人が気づかないところを教え示して、より高い認識や理解に導くという意味の「啓発」という熟語のもとになっています。

◎ことばだけ先行させるな

子曰く、古者《こしゃ》、言《げん》をこれ出《い》ださざるは、躬《み》の逮《およ》ばざるを恥《は》じてなり。

昔の人がことばを軽々しく口にしなかったのは、実行がことばに追いつかないことを恥じたからだ。

里仁篇4—22

子曰、古者、言之不出、恥躬之不逮也。

選挙前の「公約」が、口先だけの「口約」になっても平気でいるような政治家の方々にかみしめてもらいたいことばです。

とはいえ、私たち自身も、自分でできそうもないことや、理解もしていないことを、さも偉そうに口にしていることはないでしょうか？

思いやりの心を持ちなさい、父母を敬い大事にしなさい、弱い者に力を貸しなさい、など、道徳的なことばを並べるのは簡単です。しかし、「自分がまだそれを実践できていないのに、そうした発言をすることは恥ずかしいことだと古い時代の人は心得ていたのだよ」と孔子は言っているのです。

同じ「里仁篇」には、「君子は言に訥《とつ》にして、行いに敏《びん》ならんことを欲す」（里仁篇4―24）ということばもあります。立派な人物は、口下手であっても実行はすみやかでありたいと望む。または、口は達者でなくとも実行は素早くできるよう心がけることだ、と訳してもいいでしょう。

実行がことばに及ばないことを恥じる気持ちを私たちは忘れがちです。

美辞麗句を操って口先でいくら人を感動させてもだめなのです。何を言ったかではなく、何を実行したかで人の価値は決まるのです。

◎本当に「知ること」とは

子曰く、由《ゆう》よ、女《なんじ》にこれを知《し》ることを誨《おし》えんか。これを知るをこれを知ると為《な》し、知らざるを知らざると為せ。是《こ》れ知るなり。

由よ、お前に「知る」ということを教えようか。知ったことは知ったこととし、知らないことは正直に知らないと認める、それが真に「知る」ということだ。

為政篇2—17

子曰、由、誨女知之乎。知之為知之、不知為不知。是知也。

「由」とは弟子の子路《しろ》のこと。『論語』全巻を通して最も多く登場する弟子が子路です。もとは遊侠の徒といわれ、孔子がまだ若いときに弟子入りしています。弟子たちの中では珍しく剛毅な面を持つ直情家で、純朴なところもありました。孔子と子路のやりとりには、どこかほのぼのした人間味があり、このかんで含めるような「知ること」の説明にも、ややユーモラスな雰囲気が感じられます。

知ったかぶりをするのではないぞ、よく知りもしないのに通人ぶったりする「半可通《はんかつう》」ほどみっともないものはないぞ。

知っていることは知っていると自信を持ち、知らないことは知らないと認めてこそ新たな知識が吸収でき、真に「知る」ことができるのだぞ——。

「由よ」と弟子への呼びかけの形になっているものの、世間の「知ったかぶり」の連中への批判もこめられているでしょう。

孔子は国の高官や有力者へ何度となく政治改革の提言をしても受け入れられず、知ったかぶりで小賢《こざか》しい役人たちに失望を味わっていたようです。

何が本当に世の中のためになるのか、人間らしく生きるにはどうすればいいのか。私たちにとっても真に「知ること」の戒めにしたいことばです。

◎まずは正道を行け

子曰く、異端《いたん》を攻《おさ》むるは斯《こ》れ害《がい》のみ。

正道《せいどう》を学んでもいないのに裏道や脇道を学んだのでは、かえって害にしかならない。

為政篇2―16

子曰、攻乎異端、斯害也已。

「異端」とは正統・本流から外れていること。「攻《おさ》むる」は修めると同意で、「専攻」などと使うように、ここでは学ぶという意味に考えていいでしょう。

〝業界の異端児〟などというと、だいたいは個性の強い独立独歩のタイプで、もしその才能がいい方向に働けば、新風を吹き込んだり、既成の価値観をひっくり返した面白いことをしてくれそうです。

一方では、常識にとらわれない言動が煙たがられたり、下手をすると周囲から厄介《やっかい》者に見られる、ということもあるでしょう。

人と何か違ったことをしてやろうとか、本流、正統、スタンダードを外れて孤高の道を行きたいという考え方はあっていいはずです。しかし、「正道」のなんたるかを知らずに、異端である裏道や脇道、抜け道ばかりをさがして歩いていては、道に迷うばかりです。まして名を売りたいとか、裏道をさがして成功したいという不純な動機で異端を学ぶようなことは論外でしょう。

そんなことは時間の無駄で、百害あって一利なしだと孔子は言っているのです。「害のみ」と言い切っているところに、孔子の信念が表れています。

まずは、先人が築き、信じてきた正しい道を着実に歩むことが大事なのです。

◎求めるものに精一杯近づけたら

子曰く、朝《あした》に道《みち》を聞《き》かば、夕《ゆう》べに死《し》すとも可《か》なり。

もしも、朝に人生の真理を知ることができたら、その晩に死んでもかまわないさ。

里仁篇4―8

子曰、朝聞道、夕死可矣。

求めていた「道」を知ることができたら、死んでも悔いはない。

ここまで言い切るのは、なかなかできることではありません。

「聞く」は「知る・さとり知る」の意味があり、「可」は「それでいい、オッケーだ」「十分だ」といった意味です。

では、「道」とは何をさすのでしょう?

人が歩いたあとにできる道。人と人が交わるために行きかう道。そうした「道」は、古くから、人間の進むべき道、人生の真理といった抽象的な意味でも用いられてきました。日本では、茶道、書道、剣道など、終わりのない修業を重ねながら一つの世界を究《きわ》めようとするときも「道」ということばを使います。

孔子のこの潔《いさぎよ》いことばに理屈は不要でしょう。人それぞれが追い求め、究めたいと考える「自分にとっての道」を思いながら読めばいいのです。

あなたにとって最も大切なもの。生涯をかけて追い求めているもの。自分のいのちと引き替えにしてもかまわないほど価値のあるもの――。死んでもいいと思える対象を持った人生は、ある意味幸福です。その対象に、精一杯まごころを注ぐことができたなら、人生に悔いはないと言えるでしょう。

◎学んでも教えても飽きることなく

子曰く、黙《もく》してこれを識《しる》し、学びて厭《いと》わず、人を誨《おし》えて倦《う》まず。何《なに》か我《われ》に有《あ》らんや。

黙ってさまざまな知識を覚え、学ぶことを苦にせず、人に教えて飽きない。それくらいのことで、ほかに特別なことは私にはないね。

述而篇7―2

子曰、黙而識之、学而不厭、誨人不倦。何有於我哉。

孔子という人物は、自分で学ぶことと、人に教えることが大変好きな人物だったのでしょう。「黙してこれを識し、学びて厭わず、人を誨えて倦まず」――を孔子は自分の特質、取り柄と自覚し、「何か我に有らんや」とは、「それ以外、私にはなんの取り柄もないからね」「私にできるのはこれくらいのことだ」とやや謙遜して語ったのがこの章句なのでしょう。

儒教の祖であり、世界で最初の思想家ともいわれる孔子は、その前にまず一人の「教師」として世に現れ、多くの学徒を育てました。道徳の観念も、体系化された学問やそのテキストもない時代に、礼楽から詩、政治思想、肉親への孝行、宮仕え（就職）のノウハウまで教えていた孔子という人物は、世界で最も早く世に現れた偉大な教師ということができそうです。

しかも、「子、怪力乱神《かいりきらんしん》を語らず」（述而篇7―20）とあるように、孔子は「怪異や暴力、背徳や神秘」についてはまったく語ることがなく、現実の生活や人生、社会において役に立つことのみを語った現実主義者でもありました。

そのおかげで私たちは、二千五百年後のいまも、普遍的な人生の真実を『論語』で読むことができるのです。

◎よき助言には行動で応えよう

子曰く、法語《ほうご》の言《げん》は、能《よ》く従《したが》うこと無《な》からんや。これを改《あらた》むるを貴《たっと》しと為《な》す。

正しい表立ったことばには従わずにおれないね。だがそれで自分を改めることが大切なのだ。

子罕篇9―24

子曰、法語之言、能無従乎。改之為貴。

「はい、わかりました」「おっしゃるとおりです」と相手の言うことを素直に聞いていたのに、聞いたら聞きっぱなしで、少しも言われたとおりにしない人がけっこういるものです。

「法語の言」とは正道にもとづくことば、正論、筋の通った忠告といった意味で、正しい忠告には素直に「はい、はい」と従うそぶりを見せるけれど、ただ聞くだけでなく、忠告を聞き入れて自分を改めることが大事なのだよ、と孔子は言っているわけです。

この章句には続きがあり、「巽与《そんよ》の言《げん》は能《よ》く説《よろこ》ぶこと無からんや。これを繹《たず》ぬるを貴しと為す。説びて繹ねず、従いて改めずんば、吾これを如何《いかん》ともする末《な》きのみ」と締めくくられています。

遠回しでおだやかな助言はありがたいものだろう？　しかし、ことばの奥の真意をたずねることが大切なのだ。おだやかな助言にも深い意味をたずねず、ストレートな忠告を聞いても改めようとしない者は、私としてはどうしてやることもできないねえ——と、孔子も最後はややため息まじりの雰囲気です。よき忠告や助言には、聞きっぱなしではなく行動で応じることが誠意だと心得ましょう。

Rongo Column 2

◎孔子とはどんな人物か

孔子は姓は孔《こう》、名は丘《きゅう》といい、字《あざな》（元服時につける名前）は仲尼《ちゅうじ》。紀元前五五二年に魯《ろ》の国（現在の山東省南部）に生まれ、前四七九年に没しています。長身でがっしりした偉丈夫で、数え七十四歳まで生きました。

若いころは下級役人だったという説もありますが、孔子自身が「吾れ試《もち》いられず、故《ゆえ》に芸《げい》あり（私は世間に用られず、生きていくために仕事をしてさまざまな技芸が身についた）」（子罕篇9—7）と言っているように、長く不遇時代を過ごしたようです。

弟子に教育をするようになったのは四十代のころからで、世間にようやく認められるようになったのは五十代からという大変〝遅咲き〟の人でした。のちに五十三歳で魯の大司冦《だいしこう》（司法大臣）に任命されますが、やがて国政に失望して国を離れ、六十九歳まで十数年にわたる亡命生活を送っています。

孔子のことばが、ただの理想主義者や宗教家のことばと違うのは、こうした現実生活のきびしさを知る苦労人のことばだからでしょう。『論語』は孔子の人柄そのままに、簡潔、平易、適切、ときに非常に人間臭く人生の真実にふれています。それこそ「世界の古典」として読まれている所以でしょう。

第三章

よりよく生きるには

◎私たち自身が道を広める

子曰く、人能《よ》く道《みち》を弘《ひろ》む。道、人を弘むるに非《あら》ず。

人間一人一人こそ、その努力によって徳の道を広めることができるのだ。道が人を広めてくれるわけじゃない。

衛霊公篇15―29

子曰、人能弘道。非道弘人也。

人能く道を弘む――単純ながら奥の深いことばです。江戸時代の水戸藩や彦根藩の藩校「弘道館《こうどうかん》」の名はこのことばからとられています。

ここでいう「道」とは、道徳、あるいは人間の理想といったものです。道徳や理想というのは、すでにどこかに用意されていて、人を導いたり高めてくれるわけではありません。私たち人間が努力し、実行することで道徳が広まり、人の道の理想を描くことができるのです。

いま、世の中を眺めると、道徳や人としての理想を追うことが忘れられつつあるように感じます。自分さえよければいいという風潮がまん延して、社会全体にとって重要なことについては、無関心だったり他人まかせだったりということが多すぎるのです。

その結果、道を外す人間が増え、官庁の役人や教師までが不正や恥ずべき犯罪に手を染めています。子どもたちが目標とする存在であるべき大人が、「道を弘む」どころか道を汚して、子どもたちを裏切っているのです。

孔子なら苦い顔をして言うでしょう。「いま大事なのは、まず諸君ら一人一人が『人の道』を実践し、少しずつでも広めていくことだ」と。

◎人を本当に愛せる人間とは

子曰く、惟《た》だ仁者《じんしゃ》のみ能《よ》く人《ひと》を好《この》み、能く人を悪《にく》む。

ただ仁の人だけが、本当に人を愛することもでき、人を憎むこともできる。

里仁篇4—3

子曰、惟仁者能好人、能悪人。

純粋に人を愛するとは、どういうことでしょうか。

自分の利益など考えずに、ただ相手を認め、受け入れ、思いやりの心を捧ぐこともその一つでしょう。見返りなど求めない、無償の愛と言ってもいいかもしれません。

ただ、人はこれがなかなかできないものです。どこかで打算や利己心が働いたり、自分の思いどおりにならないと苦しんだり悩んだりします。

恋愛においても、本当は相手のすべてを認めるまで到っていないのに、それでも愛そうとするから互いの心を傷つけ合ったりしてしまうのでしょう。

情けが深く、本当に人を思いやることができる仁の人だけが、心から人を愛することができ、また憎むこともできる、というのがこの章句です。

仁者は私心にとらわれることなく、人の道の善と悪を公平に判断することができます。思いやりとまごころを持った人を見れば、心から愛し、生きる喜びを分かち合うことができるでしょう。

反対に、人の道から外れ、悪をなして生きる人を見れば、心の底から憎むのです。仁者が憎むのは、その人物をではなく、その「悪」を憎むのです。

◎人の差はあやまちのあとに出る

過《あやま》ちては則《すなわ》ち改《あらた》むるに憚《はばか》ること勿《なか》れ。

自分がまちがったことをしたら、ぐずぐずせずに改めることだ。

学而篇1―8
過則勿憚改。

「子曰く、君子、重からざれば則ち威《い》あらず、学べば則ち固《こ》ならず。忠信を主とし、己《おのれ》に如《し》かざる者を友とすることなかれ」のあとに続くことばで、同じことばが「子罕篇9―25」にも出てきます。

「君子は中身が軽くては威厳がないし、学問をすれば狭い頑固な考えはなくなる。まごころを第一に生きて、自分よりも学問や仁の心の足りない者を友としないことだ」と君子の心がまえを説き、最後に「自分にあやまちがあれば、ぐずぐずせずに改めよ」と述べているのです。

孔子はけっして完璧主義者ではなく、『論語』には、君子であろうとだれであろうとあやまちは犯すもの、ということを前提にした章句がいくつも見られます。大事なのはあやまちのあとの処理の仕方なのです。あやまちに気づいたら弁解したり取り繕《つくろ》ったりせずに、すみやかに認めてそれを改め、貴重な経験として自分に生かすことです。

孔子には、こんな鋭いことばもあります。

「過《あやま》ちて改めざる、是《こ》れを過ちと謂《い》う。（あやまちを改めないこと、これを本当のあやまちというのだ）」（衛霊公篇15―30）。

◎生涯行うべきことは

子貢《しこう》問《と》うて曰《いわ》く、一言《いちごん》にして以《もっ》て終身《しゅうしん》これを行《おこな》うべき者《もの》ありや。子曰く、其《そ》れ恕《じょ》か。己《おの》れの欲《ほっ》せざる所、人に施《ほどこ》すこと勿《なか》れ。

子貢が先生にたずねた、一言で表せる、生涯行うべきものがありますか？先生は言われた、それは「恕」（思いやり）だな。自分がしてほしくないことは、他人にもしないことだ。

衛霊公篇15―24

子貢問曰、有一言而可以終身行之者乎。子曰、其恕乎。己所不欲、勿施於人。

一生涯通じて行うべき価値があるもの、それは、人を思いやること――。

弟子の子貢との短いやりとりですが、ここに孔子の思想の核心を見ることができそうです。いわば「よりよく生きる」ための知恵と実践法が詰まった『論語』の中で、孔子が最も大切にしていることがこの「恕《じょ》」であり「仁」なのです。

「己れの欲せざる所、人に施すこと勿れ」

言わんとするところは単純です。自分がされたくないことは、他人にもするな。自分がしたくないことは、他人にもさせるな……。

ごくまっとうな、当たり前のようなことばです。小さいころ、親から同じようなことばを聞かされた人も多いでしょう。

もし、これを心から理解して、一人一人が毎日の暮らしで実践するなら、いじめも、憎悪も、犯罪も、戦争も、世の中からなくなるのではないでしょうか。

孔子は、なにしろ二千五百年も前の人です。現代人のように、他人の評価を気にしてきれいごとを並べたり、好人物と思われるようにことばを飾る必要もなかったのです。人間に最も大切なことを、飾らない単純なことばで語りかけてくるすごさが『論語』の大きな魅力と言えるでしょう。

◎先を見通す眼を持って

子曰く、人《ひと》、遠《とお》き慮《おもんばか》り無《な》ければ、必ず近《ちか》き憂《うれ》いあり。

人として、遠く先々のことまでの配慮がないようでは、きっと身近なところで心配ごとが起こるものだ。

衛霊公篇15―12

子曰、人而無遠慮、必有近憂。

将棋のプロ棋士は、次の一手を打つとき、数手から十数手先までの展開を読みながら打つのだそうです。たとえいま優勢でも、その後どう局面が変わるかわかりません。先々の展開までを予測して慎重に駒を進めないと、次の一手が命取りにもなりかねないわけです。

一方、私たち個人の生活というのは、だいたいがいま直面していることへの対処で精一杯なものです。十年先、二十年先までの人生設計や、将来への備えが大切なのは頭ではわかっていても、なかなか実際に取りかかることができない人が多いのではないでしょうか。

孔子はそこを的確に突いて忠告しています。「人というのは、遠く先々のことまで配慮できないようでは、必ず近いところで問題が生じるものだよ、先を見通す眼を持たなければ、きっと身近なところも見落として、心配ごとが起こるよ」。

二〇〇七年、国民の将来の年金を管理すべき官庁が、正確な記録を保管していないことがわかり、多くの人が不安と不信感を抱えるという事態が起こりました。

まさに「遠き慮り」のない、その場しのぎのやり方が続けられてきて、「近き憂い」として一気に噴き出してしまったのです。

◎徳を思う生き方を目指す

子曰く、君子は徳《とく》を懐《おも》い、小人は土《ど》を懐《おも》う。君子は刑《けい》を懐い、小人は恵《けい》を懐う。

よき人物は生きるうえで道徳を思うが、凡人は土地を思う。よき人物は責任を思うが、凡人は恩恵を思う。

里仁篇4—11

子曰、君子懐徳、小人懐土。君子懐刑、小人懐恵。

道徳に重きを置くか、自分の利害に重きを置くか。それによって生き方はずいぶん違ってきます。

君子と小人を「徳」と「土」、「刑」と「恵」ということばで対比させ、君子（よき人物・人格者）のあり方を述べています。

「徳を懐《おも》う」とは、情や慈愛を大切にして人間らしく生きたいと思うこと。「土」は土地や国土のほか、「居場所」「故郷」の意味もあるので、いま自分がいる場所、地位や安住できる場所というニュアンスをくみ取れます。「土を懐う」は、自分の居場所や地位の安泰ばかり思うこと。

「刑」には「法則」という意味もありますが、刑罰の刑ととらえれば、「刑を懐う」は、行動するとき道義的な問題はないか、責任をとれるか自分に問うこと、あるいは責任をとる覚悟をすることでしょう。

「恵」は利益や恩恵の意味のほか、「あわれみ」の意味がしっくりきます。「恵を懐う」は、あわれみで責任を逃れること、また、それを期待することです。

小人だってもちろん人間ですが、こうして対比してみると、なさけなく、哀しい存在です。利益や保身より、まず「徳」を思う人間を目指したいものです。

◎身勝手な心を絶って

子《し》、四《し》を絶《た》つ。意《い》なく、必《ひつ》なく、固《こ》なく、我《が》なし。

先生は次の四つを絶った。勝手な心を持たない、決めつけをしない、執着しない、我を張らない。

子罕篇9―4

子絶四。毋意、毋必、毋固、毋我。

自分によかれという身勝手な心（意）、「こうだ・こうしろ」と決めつけたり押しつけようとする心（必）、ものごとへ執着する心（固）、自分を押し通そうとする心（我）――。この四つを先生（孔子）は絶ったというのです。

「子曰く」（先生がおっしゃった）というお決まりの語句から書かれていないので、これは孔子みずから宣言したということではなく、弟子たちの目を通して師の姿勢を書いたことばなのでしょう。

世の中はいわば「意、必、固、我」のぶつかり合いのようなものですから、これらをすべて絶つのは生半可な意志でできることではありません。「意なく、必なく、固なく、我なし」とは、悟りを開いた禅僧の境地にも似ています。禅宗では、利己心、欲望、執着心などいっさいを捨て去ってこそ煩悩《ぼんのう》から解き放たれ、世界がありのままに見えてくるといいます。『論語』の内容はおおむね現実的で、世に出るための処世術的な要素も含んでいますが、晩年の孔子は、四つを絶った禅僧のような境地で自分の理想とする「仁」の道を説いたのかもしれません。

いまの時代、自己主張をしないと生きていけない部分もあります。しかし、身勝手な心や利己心を絶つという生き方が、もっと尊ばれてもいいはずです。

◎正直な心は情の中にあり

父《ちち》は子《こ》の為《ため》に隠《かく》し、子は父の為に隠す。直《なお》きこと其《そ》の内《うち》に在《あ》り。

（たとえ盗みを働いたとしても）父は子のために隠し、子は父の為に隠す。正直さとはその情の内にこそある。

子路篇13―18

父為子隠、子為父隠。直在其中矣。

原文は葉公《しょうこう》（楚《そ》の国の葉県の長官）と孔子の会話です。

葉公が言いました。「私の村には真っ正直な者がいて、父親が羊を盗んだとき、息子が証人になって訴え出ました」。

それを聞いて、孔子は言いました。「私どもの村の正直者はそれとはだいぶ違います。たとえ盗みを働いたとしても、父は子のために隠し、子は父のために隠します。正直な心はその情のうちにあるのです」。

孔子が説いた人の道や正義が、堅苦しく馬鹿正直なものではないことがこの一章でわかります。正直さとは、規律を守ったり嘘を言わないことではなく、「真の優しさや情の中に」生まれるものだと孔子は言っているのです。

オールドファンはイタリアの古い映画『自転車泥棒』を思い出すかもしれません。大戦後の失業者のあふれる町で、父親はやっとありついた仕事の道具である自転車を盗まれ、息子とともに町中を探し歩きます。見つからなければ仕事を失ってしまう父親は、とうとう別の自転車を盗んでしまいます。

父親の苦悩を知っている幼い息子は、捕まった父親を一言も責めず、ただ一緒に泣くだけでした。

◎老いた親を大事にするには

子曰く、父母《ふぼ》の年《とし》は知らざるべからず。一《いち》は則《すなわ》ち以《もっ》て喜《よろこ》び、一は則ち以て懼《おそ》れる。

父母の年齢を忘れてしまってはいけないよ。一つはそれで長生きを喜び、一つはそれで老い先を気づかうのだ。

里仁篇4—21

子曰、父母之年、不可不知也。一則以喜、一則以懼。

老齢の親を持つ人にとって、胸にしみるようなことばではないでしょうか。

親の年齢を数えては、「まだまだ元気でいてほしい」と思うと同時に、「あとどれだけ生きられるのだろうか」と老い先を気づかうことは、親を持つ者がいつかは経験すること。この世の定めともいえるでしょう。

孔子は三歳で父親を亡くし、二十四歳で母親を亡くしたといわれていますが、その「仁」の考え方は親に対する思いやりにも表れています。

各地の有力者や弟子たちから、「孝行とはどうすればよいのか」という質問を受けた際のやりとりが、『論語』にはいくつか見られます。

たとえば孟武伯《もうぶはく》という人物が「孝行とは?」とたずねたとき、孔子は「父母には唯《た》だ其《そ》の病《やまい》をこれ憂《うれ》えしめよ」(為政篇2―6)と答えています。

「年老いたご両親には、ご自分たちの健康のこと以外で気を煩わせないようにすることです」(子どもは自分の病気以外のことで心配をかけるな、達者でいることが何よりの孝行だ、と訳す場合もあり)というのです。

親の年齢を覚えておくこと、そして、よけいな心配をかけないこと。親孝行はまずここからが始まりです。

◎父の行いを三年忘れずに

子曰く、三年、父《ちち》の道《みち》を改《あらた》むること無《な》きは、孝《こう》と謂《い》うべし。

父親が亡くなってから、三年そのやり方を守ることができたなら親孝行と言えるだろうね。

里仁篇4—20

子曰、三年無改於父之道、可謂孝矣。

古代の中国では、親や主君が亡くなったら、三年喪に服すのが務めとされていました。これは儒教で服喪《ふくも》期間として定められ、日本の仏教でも三年目の法要「三回忌」を重視するのはこうした影響があるそうです。

この章句と同じことばは「学而篇1―11」にもあり、そこでは、「父在《いま》せば其《そ》の志《こころざし》を観《み》、父没《ぼっ》すれば其の行いを観る。三年、父の道を改むること無きは、孝《こう》と謂うべし」と、前に文がついています。

中国では現在でも家長（父）の権力が強い傾向がありますが、孔子の時代にもすでに、子は父親の命令のままに行動するのが普通だったようです。

「父在せば其の志を観る」とは、子はただ父に従うだけでなく、父の命令の意味をよく理解し、意向にそうよう努めて行動せよということ。

「父没すれば其の行いを観る」とは、父が亡くなったあとでも、父ならこんなときどう行動したかを思い出し、それに従って行動しなさいということです。

そして喪に服する三年の間、父親のやり方を守っていけるなら「親孝行」と言ってよかろうというわけです。亡くなったあと、息子が自分のやり方を忠実に守ってくれていると知ったら、父親も本望ではないでしょうか。

◎その恩愛を返す

子《こ》生まれて三年、然《しか》る後《のち》に父母《ふぼ》の懐《ふところ》を免《まぬが》る。夫《そ》れ三年の喪《も》は天下の通喪《つうそう》なり。予《よ》や、其《そ》の父母に三年の愛あらんか。

子供は生まれると三年経ってやっと父母の懐から離れる。だから三年喪に服すのは、どこの世界でも当たり前のことだ。宰我だって、父母から生後三年の愛を注がれたであろうに。

陽貨篇《ようかへん》17―21

子生三年、然後免於父母之懐。夫三年之喪、天下之通喪也。予也有三年之愛於其父母乎。

親が亡くなったあとの「三年の喪《も》」について、「喪に服すのは一年で十分ではないですか」という弟子の宰我《さいが》と孔子の問答による章句です。

宰我は「四科十哲」（101ページ）の一人で、「言語には宰我と子貢《しこう》」と言われたように非常に弁の立つ者だったようです。その宰我が孔子に言います。「三年の喪は長すぎます。君子が三年も喪に服していたら、修得した礼も楽も台無しになってしまいます。一年で古い穀物から新しい穀物に入れ替わり、火付けの木をこすって新しい火に替えるように、一年を区切りにして喪も丸一年でいいのではないでしょうか」。孔子はこう返します。「親が死んでわずか一年で、うまい米を食べ、美しい着物を着ることに、おまえは気がとがめないのかね？」。

宰我の答えは「別にとがめません」。「おまえが平気だというならそうしなさい。そもそも君子が喪に服すというのは、ごちそうを口にしてもおいしくない、音楽を聞いても楽しくない、どこに居ても気が安まらない、だからそうしないのだ。だが、おまえが平気だというならそうしなさい」。……宰我が出ていくと、孔子は「予（宰我）のなんと不仁なことよ」と嘆き、続けて述べたことばが、本項の章句です。喪とは、親に受けた恩愛をかみしめ感謝する、お返しの期間なのです。

◎山のごとく泰然として

子曰く、知者《ちしゃ》は水《みず》を楽《たの》しみ、仁者《じんしゃ》は山《やま》を楽しむ。知者は動き、仁者は静かなり。知者は楽しみ、仁者は寿《いのちなが》し。

智の人は水を楽しみ、仁の人は山を楽しむ。智の人は動き、仁の人は静かである。智の人は目前のことを楽しみ、仁の人は長く人生を楽しむ。

雍也篇6—23

子曰、知者楽水、仁者楽山。知者動、仁者静。知者楽、仁者寿。

孔子は「知者」と「仁者」の違いについてたびたび述べています。「知者」は、知識も経験もあり、賢者とは言えても「仁者」とまでは言えない人。情愛や徳など人間としての深みが足りないぶん「仁」の域には達しないとして、孔子は明確に分けて考えていたようです。

ここでは、知者と仁者の人生のとらえ方の違いを「水」と「山」で対比させています。「知者動、仁者静……」と原文は単純ですが、解釈はさまざまにできます。

知者は、思考もまだ流動的なので、流れてやまない水（川）を好み、仁者は、迷いもなく泰然としているので、山の不動の姿を好むということでしょうか。

知者は、世の中の動きに応じて変化しますが、仁者はもはや名利《みょうり》（名誉、利益）にとらわれることもなく、不動の精神を持っているので静かです。

知者は移り変わる世にうまく身を処し、ほどよく楽しみながら生きていきます。仁者は〝安心立命《あんしんりつめい》〟（何ごとにも心を乱されない、安らかな境地）に達し、わが身を天命に任せて自然と長生きし、人生をまっとうします。

知者でもそれなりにいい人生を送れそうですが、年をとったら泰然自若《たいぜんじじゃく》としてありたいもの。やはりいつかは、静かなる「仁の人」を目指したいものです。

◎人は節目節目に成長する

子曰く、吾《わ》れ十有五《じゅうゆうご》にして学《がく》に志《こころざ》す。三十にして立つ。四十にして惑《まど》わず。五十にして天命《てんめい》を知る。六十にして耳順《みみした》がう。七十にして心の欲する所に従って矩《のり》を踰《こ》えず。

私は十五歳で学問に志し、三十で独り立ちし、四十になるとあれこれと迷わなくなった。五十になって天命をわきまえ、六十になって人のことばが素直に聞かれるようになった。七十になったいま、思うままにふるまっても道を外すことはなくなった。

為政篇２―４

子曰、吾十有五而志乎学。三十而立。四十而不惑。五十而知天命。六十而耳順。七十而従心所欲、不踰矩。

孔子が晩年に自分の人生を振り返ったことばとされ、日本でも有名です。
意味は和訳のとおりですが、七十四歳まで生きた孔子は、当時（紀元前の中国・春秋時代）としては大変な長寿で、いまの感覚でいえば百歳近くまで生きた長老・大人《たいじん》でもあったわけです。

この一章から、のちにそれぞれの年齢をさすことばとして、十五歳を「志学《しがく》」、三十歳を「而立《じりつ》」、四十歳を「不惑《ふわく》」、五十歳を「知命《ちめい》」、六十歳を「耳順《じじゅん》」、七十歳を「従心《じゅうしん》」というようになりました。

ここでは十五歳で志を立ててからの、節目ごとの成長が語られています。孔子の人生はけっして順風満帆だったわけではなく、苦労の多い生涯でした。

解釈はさまざまにできますが、「四十にして惑わず」とは、孔子の「仁」の考えや基本的な思想がこのころに固まったことがうかがえ、また、仕官もままならず国政に関わることもできないなら、自分はさらに学び、若い世代にそれを伝えることを役割としようと肚《はら》を決めたのだとも考えられます。孔子が弟子たちに教えるようになったのは四十代半ばからで、「五十にして天命を知る」とは、まさにこれこそ天が自分に与えた使命なのだと確信したということかもしれません。

◎時は流れを止めない

子《し》、川の上《ほとり》に在《あ》りて曰《いわ》く、逝《ゆ》く者《もの》は斯《か》くの如《ごと》きか。昼夜《ちゅうや》を舎《お》かず。

川のほとりで先生が言われた。時の流れとは、この川のようなものだ。昼も夜も休むことがない。

子罕篇9—17
子在川上曰、逝者如斯夫。不舍昼夜。

時の流れ。移り行くもの。

それはこの川のように、昼も夜もとどまることがないね――。

流れを見つめながら、感慨をこめて呟いた孔子が想像されます。

このことばから「諸行無常」や「歳月不待人（歳月人を待たず）」ということばを連想する人もいるでしょうし、美空ひばりが歌った『川の流れのように』という曲を思い浮かべる人もいるでしょう。

時はとどまることなく過ぎていきます。

この世の中は常に移り変わり、何一つとして永久不変のものはない（諸行無常）という考え方は、仏教の根本原理でもあります。

禅寺などでは、「生死事大《しょうじじだい》、無常迅速《むじょうじんそく》、各宜醒覚《かくぎせいかく》、慎勿放逸《しんもつほういつ》」（生死の問題はきわめて重大であり、時は人を待ってくれない。各《おの》おの宜《よろ》しく醒覚《せいかく》し、慎《つつし》んで放《ほう》逸《いっ》ならしむること勿《なか》れ）ということばも見られます。

私たちの生も、いっとき川の流れに身をまかせているのにすぎないのかもしれません。だからこそ、限りある生を無駄にせず、よりよく生きる道をさぐりながら精一杯生きるべきなのです。

◎自分の役割を限定させずに

子曰く、君子は器《うつわ》ならず。

君子は（その働きが決まってしまう）器であってはならない。

為政篇2―12
子曰、君子不器。

たとえばサラダボウル。たとえば洗濯機。

君子は、そのような一つの役割しか持たない器物・器械のごときものではいけないよ、ということです。

ここでいう君子は、指導者や為政者とするとわかりやすいかもしれません。

サラダボウルに、刺身を盛り付けようとしても無理があります。

洗濯機に、暑いから部屋を冷房してくれと頼んでも無駄です。

一つの働きにだけ能力が限定される人はいわばスペシャリストです。指導者や為政者となる人は、そうではなくもっと幅広い能力、対応力が必要だということでしょう。逆に指導者や為政者は、何か一つ特別秀でた能力がなくてもかまわないわけです。自分の役割を限定せずに、視野を広くとり、刺身皿や冷房が必要なときには、個々のスペシャリストにそれを任せる判断ができればいいのです。

「君子」を人格者、立派な人物として読むと、もう少し深い意味が出てきそうです。「あれはできるが、これはまったくだめ」など、得意・不得意、好き・嫌いがはなはだしいような偏った人格ではなく、君子たる者、全人的完成を目指すべきだということでしょう。

◎求めれば「仁」はそこにある

恭《きょう》なれば則《すなわ》ち侮《あなど》られず、寛《かん》なれば則ち衆《しゅう》を得《え》、信《しん》なれば則ち人任《ひとにん》じ、敏《びん》なれば則ち功《こう》あり、恵《けい》なれば則ち以《もっ》て人を使《つか》うに足《た》る。

恭《うやうや》しければ侮られず、寛容であれば人望が得られ、誠実であれば人から信頼され、敏活であれば仕事ができ、恵み深ければ、人も上手に使えるものだ。

陽貨篇17―6

恭則不侮、寛則得衆、信則人任焉、敏則有功、恵則足以使人。

「仁」の人はたとえばどのような人格なのかが、具体的に述べられています。

弟子の子張《しちょう》が「仁とは何か」を問い、孔子は「この世界で五つのことを行えたら仁と言える」と答えます。「その五つを教えてください」と子張が請《こ》うと、「恭・寛・信・敏・恵」と孔子は答え、さらに述べたのがこの章句です。

恭《うやうや》しく丁寧な態度で人に接すれば、だれも侮ったりはしない。寛容でおおらかであればみんなの人気を集め、誠実であればみんなが信頼してくれる。てきぱきとして敏活なら何をやらせても成果を上げ、恵み（情け）が深ければ周囲の人も骨身を惜しまず尽くしてくれる――。たしかにこんな人がいれば人望厚く、人に好かれるでしょう。しかし現実を見れば、これほどバランスのとれた人物はなかなかいないものです。やはり凡人にとって「仁」は遠いものなのでしょうか？

それについては孔子の名言があります。「仁遠《じんとお》からんや。我《わ》れ仁を欲《ほっ》すれば、斯《こ》こに仁至《いた》る」（述而篇7―29）。「仁は手の届かない遠くにあるものではない、自分がいま仁を行おうと思えば、仁はすぐそこにあるのだ」と。

「人」が「二人」で「仁」の字ができます。他者への思いやり、人への愛があれば、「仁」はそこにあるのです。

Rongo Column 3

◎『論語』は日本人が初めて手にした書物

日本人と『論語』はなじみが深く、いまでもさまざまなところで『論語』のことばを目にしているはずです。

たとえば「学習院」「郁文館」「時習館」などの学校名や、「三省堂」などの企業名も『論語』の章句からつけられたものです。

江戸時代、武家の子弟を教育する藩校では『論語』を学ぶことが必須で、明治以降も旧制高校での漢文の授業といえば『論語』が中心でした。もっとさかのぼれば、日本の律令時代から『論語』は上級官吏の必読の書だったようです。

そもそも歴史上日本人が初めて手にした書物が『論語』だったのです。『古事記』によれば応神《おうじん》天皇の時代（二八五年）に百済《くだら》の王仁《わに》が『千字文』一巻とともに『論語』十巻をもたらしたのが、日本の最初の書物とされています。

日本最古の書である『古事記』の成立が和銅五年（七一二年）ですから、その四百年以上も前に『論語』は日本人の目にふれていたのです。

またこのときの『論語』は、竹簡ではなく、すでに「紙の書物」であったろうと考えられています。以来千七百年以上の時を経て、『論語』はいまも日本人の心にひびく古典として存在しています。

第四章

人と どう接していくか

◎広く公平に人と親しむべし

子曰く、君子は周《しゅう》して比《ひ》せず、小人は比して周せず。

君子はだれとでも親しんで一部の人におもねることはないが、小人は仲間だけで閥をつくって公平に交わることができない。

為政篇2―14

子曰、君子周而不比、小人比而不周。

「周」は「あまねく」で、ここでは人と公平に親しむこと。「比」はこの場合「おもねる」（気に入られようとする）ことをさします。

君子は人と公平に付き合ってだれとでも親しみ、一部の人におもねることはないが、小人は一部の仲間とおもねりあって閥《ばつ》（利害を同じくする者の排他的な集まり）をつくり、広く親しむことがない——。孔子の弟子たちへの思いは、「よいか諸君らは、仲間だけで派閥や党派をつくってほかの者と親しまないような、せこい人物にはなってくれるなよ」ということでしょう。

「君子」と「小人」は対比させることばとして『論語』に何度も出てきます。「君子」は教養人、指導者、人格者などと訳され、徳の道を歩む人という意味を含んでいます。一方「小人」は、無教養な人、庶民、徳の道を外れた人という意味のほか、俗物といったニュアンスもあります。「君子・小人」を「大物・小物」「人格者・一般人」「一流人・二流人」「人物・俗物」など、自分がピンとくることばに読みかえてもいいでしょう。

君子と小人の差は、じつはほんのわずかなところにありますが、そのわずかな差こそ、自己修養することでしか乗り越えられない大きな違いなのです。

◎若者の可能性ははかり知れない

子曰く、後生《こうせい》畏《おそ》る可《べ》し。
焉《いずく》んぞ来者《らいしゃ》の今に如《し》かざるを知らんや。

若者を侮《あなど》ってはいけない。これからの人がいまの自分たちに及ばないなどと、どうしてわかるものか。

子罕篇9—23

子曰、後生可畏也。焉知来者之不如今也。

若者は、これからの努力次第でどれだけの力量をつけるかわからない。だから年若い人を軽視せず、おそれなければならない、という有名な一章です。

「後生」とは、自分よりあとから生まれてくる人、後進の人、後輩をさし、「来者」もこれから来る者の意味で、「後生」に同じです。

原文ではこのあとに、「四十五十にして聞こゆる無きは、斯《こ》れ亦《ま》た畏《おそ》るるに足らざるなり」と続きます。

つまり、「あとからくる者の力は未知数でおそれなければならないが、四十、五十になっても名が聞こえてこないようなら、これはおそれるに足らない人間といってよかろう」ということです。ただし当時の四十五十とは、いまでいえば六十歳、七十歳の老境の感覚でしょう。いま四十代～五十代の人も、これからの生き方によって「聞こゆる」存在となることをあきらめる必要はありません。

ちなみに、「後生」は本来「先生」(先に生まれた年上の人)と対になる語です。また、現代中国語で「先生《シエンション》」は男性につける敬称で、とくに外国人に対して用いられ、「○○先生」は「○○さん」というほどの意味。日本語の先生や教師にあたる中国語は「老師《ラアオシィ》」になります。

◎話すべきときを逃さずに

子曰く、与《とも》に言《い》う可《べ》くしてこれと言《い》わざれば、人《ひと》を失《うしな》う。与に言う可からずしてこれと言えば、言《げん》を失う。知者《ちしゃ》は人《ひと》を失わず、また言を失わず。

相手とことばを交わすべきときなのに話しかけないでいると、大切な人を失ってしまう。ことばを交わすべきときでないのに口を出すと、失言のあやまちを犯すことになる。知者はこのような愚はしないものだ。

衛霊公篇15―8

子曰、可与言而不与之言、失人。不可与言而与之言、失言。知者不失人、亦不失言。

あのとき話しかければよかった――。

あのとき、あんなことを言わなければよかった――。

機会を逃したり、言うべきタイミングをあやまったために、ずっと悔いを残してしまうことも人生にはあるものです。

この「人を失う」の人とは、さまざまな解釈ができるでしょう。自分にとって必要な立派な人物、親友となるべき相手、志を同じくする盟友、出世のカギを握る人、あるいは恋愛の相手。

また「言を失う」とは、話すタイミングを誤ること、話した内容がまずいこと、話す相手をまちがうこと、とこれも解釈はいろいろできます。

いずれにしろ、せっかく大切な人と出会っても、ともに話すべきことを話さないでいると、相手を逃してしまうことになるのです。

思春期のころを思い出せば、好きな相手にとうとう思いを伝えられず、悔恨だけが残った……という人もいるでしょう。それはもう取り返しがつかないもので、「失言」もまた同じです。知者はこのような愚は犯さないゾ、と孔子はクールに言っています。知者とはきっと失敗を重ねて成長した人の姿なのです。

◎ふだんの発言にも責任を持つ

利《り》を見ては義《ぎ》を思い、危《あや》うきを見ては命《めい》を授《さず》く、久要《きゅうよう》、平生《へいぜい》の言《げん》を忘れざる、亦《ま》た以《もっ》て成人《せいじん》と為《な》すべし。

利益を前にして正義を考え、危険を前にして命を捧げる覚悟を持ち、古い約束についても、ふだん口にしているちょっとしたことばも忘れない、そういう人物なら完成された人と言えるだろうね。

憲問《けんもん》篇14―13

見利思義、見危授命、久要不忘平生之言、亦可以為成人矣。

これは「子路《しろ》、成人を問う」で始まる章句で、弟子の子路がどんな人を「成人」(徳を完成した人)と言えるかとたずねたときの、孔子の答えの後半部分にあたります。

前半には、「臧武仲《ぞうぶちゅう》ほどの知恵と、孟公綽《もうこうしゃく》ほどの無欲さと、卞荘子《べんそうし》ほどの勇気と、冉求《ぜんきゅう》ほどの学芸と、なお礼楽の教養を身につけているなら、完成された人と言えるだろうね」という答えがあり、当時名の知られた重臣たちを引き合いに出しています。「しかし、このごろでは、まあそこまで及ばなくともかまわんだろう」と断ったうえでの孔子のことばが、右に挙げた部分です。

自分の利益になることや儲け話を前にして、正義か不義かを考えて立ち止まり、危機の際には一命を投げ出す覚悟を持つ。そして古い約束にも、ふだん口にしていることばにも責任を持つ。そういう人間なら「成人」と言っていいだろう、と孔子は言っています。

「利を見ては義を思う」ことも「危うきを見ては命を授く」ことも簡単ではありませんが、約束したことだけでなく「平生の言を忘れざる」ことこそ、じつは最もむずかしく、小人と有徳の人の分岐点なのかもしれません。

◎愛する相手だから甘やかさない

子曰く、これを愛《あい》して能《よ》く労《ろう》せしむること勿《な》からんや。忠《ちゅう》にして能く誨《おし》うること勿からんや。

人を愛するのなら、苦労をさせなければ本当ではない。人に誠実であるからには、道理を教えないではいられない。

憲問篇14―8

子曰、愛之能勿労乎。忠焉能勿誨乎。

ここでは「労する」の解釈によって意味は少し違ってきます。「骨を折る・苦労をする」と解した場合は、右のような意味となり、「可愛い子には旅をさせよ」（わが子を成長させたいなら、未知の世界で苦労や失敗を体験させせよ）ということわざにも近いものになります。「いたわる」の意味をとった場合は、愛する人に対してはいたわり、慰めてあげずにはいられない（力づける、励ますという解釈も可）という意味になり、孔子のことばとしてはやや弱い感じも受けます。

いずれにしても、本当に人を愛するなら、その人のために真によかれと思う行動をとらずにいられようか、ということです。

「忠《ちゅう》にして能く《よ》誨う《おし》ること勿《な》からんや」の「誨」という字は、ものごとの道理を教えさとすことで、ここの意味は、真にまごころで接する相手であるなら、道理を教え、忠告せずにいられようかということです。愛する相手、まごころで接する相手だからこそ、甘やかさず、ときにきびしい忠告をするのが本当だ、と孔子は言っています。昨今、「うちの子に掃除当番をさせるな」と学校に苦情を言ってくる親がいるそうですが、聞かせたくなることばです。

◎リーダーに必要なもの

子曰く、君子は言《げん》を以《もっ》て人《ひと》を挙《あ》げず、人を以て言を廃《はい》せず。

すぐれた指導者は、立派なことを言うからといって、抜擢したりはしない。ふだんの行いが悪いからといって、意見を無視したりはしない。

衛霊公篇15—23

子曰、君子不以言挙人、不以人廃言。

「君子」を指導者、リーダーとすると、非常にわかりやすい指導者論として読めます。

よい指導者というのは、すぐれた意見を述べたからというだけで、その人物をよく見ずに抜擢《ばってき》したりはしません。逆に、ふだんの行いに問題があるとか地位や身分の低い者だからといって、意見に耳を貸さないということはありません。

ことばだけで人物を信用したり、態度や出身だけで評価せず、人をよく見て、言った相手がだれであろうとすぐれた意見は取り入れるということです。

いまの企業社会でも、さまざまな集団生活の中でも、こうした指導者が望まれているでしょう。

立派な意見はだれかの受け売りかもしれず、著名人のベストセラーからいただいてきた提言かもしれません。ふだん上司ともめごとの多い問題社員が、じつはいちばん仕事に熱意を持っている人間かもしれません。

そうした人物評価ができずに、つまらない人間を重要なポストに抜擢したり、有益な提言を無視していては、その集団に不満や不信がたまっていきます。

洞察力と判断力、そして広く受け入れる度量が指導者には必要なのです。

◎人の美点を認め合うこと

子曰く、君子は人の美《び》を成《な》す。人の悪《あく》を成《な》さず。小人は是《こ》れに反《はん》す。

君子は人の美点を伸ばしてやり、悪い点は出さぬようにしてやるものだ。小人はその反対だ。

顔淵《がんえん》篇12—16

子曰、君子成人之美。不成人之悪。小人反是。

他人の美点を認め、それをもっと引き出し、伸ばしてやろうとするのが君子です。他人の悪い点については、なるべく目立たぬように意識を改めさせてやり、その美点を主として、その人の成し遂げたいことを実現させてやろうとするのが君子です。

小人、つまり世のつまらない人間はその反対のことをします。他人の成功を喜ばず、人の欠点をあげつらい、美点までけなして足を引っ張ろうとします。

私たちは競争社会に生きて、多くの他人との優劣を競いながら社会的地位や給料を得ています。ただし人にはみな長所と短所があり、一つの長所や一つの短所だけを取り上げて人柄や能力を判断されているわけではないでしょう。

競争社会とは、互いに美点を認め合い、欠点を互いに補い合いながら、よい仕事、よい集団、よい社会を作っていこうとするのが理想なのです。それに反する小人だらけの世の中になっては未来への希望も持てなくなってしまいます。

サッカーのJリーグのオールスター戦があり、実力・人気ともトップクラスの選手が集まる中で、一人の選手が言っていました。「みんなでお互いのいいところを引き出しながら、最高の試合をしたい」。君子は、ここにもいます。

◎楽をもって憂いを忘れる

子曰く、女奚《なんじなん》ぞ曰《い》わざる、其《そ》の人《ひと》と為《な》りや、憤《いきどお》りを発《はっ》して食を忘れ、楽《たの》しみて以《もっ》て憂《うれ》いを忘れ、老《お》いの将《まさ》に至《いた》らんとするを知らざるのみと。

（葉公が孔子のことを子路にたずねたが、子路は答えなかった）

先生は言われた、お前はどうしてこう答えなかったのだね、学問に発憤しては食事を忘れ、徳の道を楽しんでは心配ごとも忘れ、間近に老いが迫ってきているのにも気づかずにいる、そういう人物です、と。

述而篇7―18

（葉公問孔子於子路。子路不対）

子曰、女奚不曰、其為人也、発憤忘食、楽以忘憂、不知老之将至也云爾。

子路《しろ》が登場するエピソードからは、その飾り気のない性格が周囲にも好かれ、孔子もけっして優等生ではない子路を可愛がっていたようすがうかがえます。この章句もそうしたやりとりの一つです。

葉公《しょうこう》（葉県の長官）が、子路に会ったとき、「あなたの師である孔子とはどんな人物かね？」とたずねますが、子路は答えませんでした。

敬愛する師の人物像を軽々しく説明などできないと思ったのか、一言で表す適切なことばが浮かばなかったのか、あるいは葉公の態度が気に入らなかったのか。子路の、実直で剛毅、いささか気が短い性格を知っている孔子は、その話を聞いて微笑ましく感じたかもしれません。そして「子路よ、こう答えてやればよかったではないか」と自分の人となりを述べたのが、この「発憤忘食、楽以忘憂、不知老之将至也云爾」です。「発憤」とは意欲満々心が奮い立つこと。

意欲がみなぎれば食事も忘れて夢中になり、若者に仁徳を説いたり、詩や音楽を教える楽しさで憂いも忘れ、老いが間近にきていることも気づかずにいる――。

孔子の、飾らず、驕《おご》らない人柄が伝わると同時に、「発憤」できる対象を持てば老いなど気にするひまもありゃしないよ、という含蓄《がんちく》も感じる一章です。

◎「人を見る眼」を持つには

子曰く、其《そ》の以《な》す所《ところ》を視《み》、其《そ》の由《よ》る所《ところ》を観《み》、其の安《やす》んずる所を察《さっ》すれば、人《ひと》焉《いず》んぞ廋《かく》さんや、人焉んぞ廋さんや。

その人の日常のふるまいを見て、その経歴をよく知り、その心の落ちつきどころを調べたなら、その人の人格は隠しおおせるものではない、どんな人でも隠せやしないよ。

為政篇2―10

子曰、視其所以、観其所由、察其所安、人焉廋哉、人焉廋哉。

若者は大人になる過程で「人を見る眼を養え」と教えられ、大人になっても、対人関係がうまくいかなかったり、人を上手に使えなかったりすると、「人を見る眼がない」と批判されたりします。

人を見るとは、相手の性格や能力、長所と短所をつかみ、互いの立場に応じて良好な人間関係をつくっていくことでしょう。

社会に出る以上、他人との関係を拒否して生きていくことはできません。人を見ながら、自分を社会に適応させていく努力が必要になるわけです。

しかし、残念ながらその対人関係に悩んだり、人に裏切られたり、だまされたりして傷つくこともあるのが現実です。では、相手の人間性を見誤らないためにはどうすればいいのか？　その一つの解答がこの孔子のことばです。

日常のふるまい（以《な》す所）を見て、生まれやこれまでの経歴（由《よ》る所）を知り、何を求め、どんなことに安心するのか（安んずる所）がわかったなら、その人の人格はむき出しになったも同然、だれも人格を隠すことなんてできない、絶対できっこない、とくり返し強調してまで言っています。「人を見る」とは、そのように相手を知る努力をし、理解しようという姿勢で向き合うことなのです。

◎ことばよりも実行が先

子曰く、其《そ》の言《げん》をこれ怍《は》じざれば、則《すなわ》ちこれを為《な》すこと難《かた》し。

言いっ放しでそれを恥じないような者は、それを実行するのはむずかしかろうよ。

憲問篇14―21

子曰、其言之不怍、則其為之也難。

「あれをしますよ、これもできますよ」と口で言うのはやさしいものです。

しかし、「内実のないことを言うだけ言って恥じらいを持たないような者は、肝心の実行のほうはむずかしいだろうね」と孔子は言っています。

『論語』には、「ことばは慎むものだ」「実行の伴わないことばは口にすべきでない」といった意味を持つ章句がたびたび出てきます。

たとえば「君子は其の言《げん》の其の行《こう》に過ぐるを恥ず」（憲問篇14―29）。

「ひとかどの人物というのは、ことばが行いを越えるのを恥じるものだ」という意味です。君子は大言壮語はしません。

また、「子貢、君子を問う。子曰く、先《ま》ず行《おこな》え、其《そ》の言《げん》は而《しか》る後《のち》にこれに従う」（為政篇2―13）というのもあります。

君子のあり方を問う弟子への答えは、「まず行え、ことばは行動のあとでよし」といたってシンプル。行動が先にあってこそ君子なのです。

孔子は、「ことばを慎み、実行を優先させること」を誠実な人間の大事な条件と考えていました。この時代の私たちも、マニフェスト（政権公約）を言い連ねるより、先に必要なことを実行できる人間を望んでいるのではないでしょうか。

◎どんな人物を目指すのか

（子路《しろ》曰く、願わくは子の志《こころざし》を聞かん）

子曰く、老者《ろうしゃ》はこれを安《やす》んじ、朋友《ほうゆう》はこれを信《しん》じ、少者《しょうしゃ》はこれを懐《なつ》けん。

（どうか先生が望む人物像を聞かせてください、と子路に言われて）先生は答えた。老人には安心され、友人には信頼され、若者には慕われる、そんな人物になりたいもんだなあ。

公冶長《こうやちょう》篇5—26

子路曰、願聞子之志。子曰、老者安之、朋友信之、少者懐之。

この章句には前半部分があります。弟子の顔淵《がんえん》と子路が孔子のそばにいたときの会話です。

孔子が「君たちがなりたいと望む人物像を話してごらん」と言うと、子路は、「車馬や着物、毛皮の外套《がいとう》を友だちと共有し、ボロボロになって返されても恨みごと一つ言わない、そんな太っ腹な人間になりたいものです」と答えます。

顔淵は、「善行をしても自慢などせず、辛い仕事を人に押しつけないような人物になりたいものです」と答えます。

顔淵と子路は、孔子が最も信頼し、愛した弟子で、『論語』にはたびたび登場します。二人の答えは、それぞれの性格を表した素直なことばと受け取れるでしょう。二人の答えに満足したのか、子路に「どうか先生の志望をお聞かせください」と問われた孔子の答えも、非常に率直でまっとうなものです。

「老人には安心され、友人には信頼され、若者には慕《した》われるようになること」。それで十分ではないでしょうか。人として、ほかに何がいるでしょう?

顔淵も子路も、師のこのことばを深く胸に刻んだことでしょう。老いてもなおこのような生き方を目指す人になりたいものです。

◎あやまちにも人格あり

子曰く、人の過《あやま》つや各《おのおの》其《そ》の党《とう》に於《お》いてす。過ちを観《み》て斯《ここ》に仁《じん》を知る。

人のあやまちには、それぞれの人間の特徴が出るものだ。犯したあやまちとその始末を見れば、人間性がわかる。

里仁篇4―7

子曰、人之過也、各於其党、観過斯知仁矣。

あやまちには、人それぞれの持っている性格、資質、癖が表れるものです。

不注意やうっかりミス、つい同じ失敗をくり返してしまう人は、昔「生活態度に問題あり」と学校の先生に反省をうながされた記憶があるかもしれません。

「各々其の党に於いてす」の「党」は仲間とか同類の意味で、どんな種類の人間かによって、そのあやまちにも類型（パターン）があり、それを見ればその仁（人間性、人となり）がわかると孔子は言っています。人のあやまちには、生活態度も含め、生き方への姿勢、人格が表れるということです。

「過ちては則《すなわ》ち改《あらた》むるに憚《はばか》ること勿《なか》れ」「過ちて改めざる、是《こ》れを過ちと謂《い》う」（122・123ページ）と言っているように、孔子はあやまちを犯すことより、それをいかに改めるかが重要だと考えていました。あやまちを反省し一つずつ改めていくだけでも、善に近づくことができるのです。

そうは言っても、なかなかそれができないのが凡人です。孔子もそれは承知で、「已《や》んぬるかな。吾れ未《いま》だ能《よ》く其《そ》の過ちを見て内に自ら訟《せ》むる者を見ざるなり」（公治長篇5—27）。……しょうがないねえ、自分の過失を認めてわが心に責めることのできる人を、私は見たことがないよ、としっかりボヤいています。

◎あなたにとって大事なもの

厩《うまや》焚《や》けたり。子《し》、朝《ちょう》より退《しりぞ》きて曰く、人を傷《そこな》えりやと。馬を問わず。

厩が焼けた。先生は仕事から帰ってくると、「だれもケガはしなかったか」と問われて、馬のことは何も聞かなかった。

郷党《きょうとう》篇10—13

厩焚。子退朝曰、傷人乎。不問馬。

孔子の留守中に、火事で厩（馬小屋）が焼けてしまいました。

馬はもちろん当時も大変な財産です。その馬を焼死させてしまったのでしょう。

留守中を守る使用人や弟子たちは、「これは大変なことになった」と青い顔をして主人の帰りを待っただろうと想像できます。

ところが、朝廷の勤めから帰ってきた孔子は、「ケガ人はいなかったか」と、人々の安否だけを気づかい、馬がどうなったかについては何も聞かなかったというのです。


こうした火事や災害、急場のときにこそ人の本性は表れてしまうものです。

ふだんいくら偉そうなことを言っていても、万一のとき、家族や仲間らの安否より自分の財産を心配するような人間は、それだけで信頼をなくしてしまいます。

『論語』の「郷党篇」は、孔子の日常での作法や態度を弟子たちが記録した章句が多いことが特徴です。


師の食事のとり方から衣服の種類、接客作法や馬車の乗り方まで書かれた中で、この「厩焚けたり」の章句だけ、ポツンと短く異彩を放っています。弟子たちにとって、それだけ印象の強い出来事だったのではないでしょうか。

◎傲慢な人間にだけはなるな

子曰く、奢《おご》れば則《すなわ》ち不遜《ふそん》、倹《けん》なれば則ち固《こ》なり。其《そ》の不遜ならんよりは寧《むし》ろ固なれ。

贅沢《ぜいたく》は傲慢《ごうまん》に通じ、倹約は頑固に通ずる。傲慢であるよりは、頑固のほうがまだましだろうね。

述而篇7―35

子曰、奢則不遜、倹則固。与其不遜也寧固。

「奢《おご》る」とは分不相応なぜいたくをすることです。地位や肩書きにあぐらをかいて奢った生活を続けているうちに、思い上がりや傲慢さが出てくるものです。

一方、倹約生活を続けていると、あれもいらない、これもだめと、いろんなものを排除しているうちに、強情で頑固な人間になりがちです。度の過ぎたけちけち生活では他人との交流も薄れ、世界をどんどん狭くしてしまうでしょう。

「傲慢で不遜」も「けちで頑固」もどっちもどっちだが、傲慢になるよりは頑固のほうがまだましだ、と孔子は言っています。

自分の努力で得たわけでもない財産や、実力の伴わない地位や肩書きをかざして贅沢をしていると、それに便乗しようというつまらない人間が寄ってきます。

そしておだてたりチヤホヤし始めると、本人はますます偉くなったような勘違いをして、さらに尊大な態度をとるようになってしまいます。

傲慢な人間は周囲を不快にさせ、忌《い》み嫌われます。頑固な人間は周囲との協調性はないものの、一徹さがあり、自分の殻に閉じこもるので直接他人への迷惑は及びません。「頑固なのも困り者だが、人に迷惑をかけないだけまだましだ。傲慢な人間にだけはなってくれるなよ」というのが孔子の気持ちでしょう。

◎人付き合いは誠意であたれ

子曰く、処《ところ》に居《お》りて恭《きょう》、事《こと》を執《と》りて敬《けい》、人に与《まじわ》りて忠《ちゅう》なるは、夷狄《いてき》に之《ゆ》くと雖《いえど》ども、棄《す》つべからざるなり。

日ごろの態度は慎ましく丁寧に、仕事は気を入れて慎重に、人との付き合いは誠意を尽くすこと、それは、たとえどんなにすさんだ土地へ行っても捨ててはだめだよ。

子曰、居処恭、執事敬、与人忠、雖之夷狄、不可棄也。

子路篇13—19

弟子の樊遅《ばんち》が「仁とは」と問い、それに孔子が答えたときのことばです。「恭」「敬」「忠」は、いずれも孔子が重んじていたもので、何に対しても慎ましく丁寧な態度であたれ、誠意を尽くせというとき、これらの語句がよく見られます。

「夷狄《いてき》」とは、古代中国で東夷《とうい》・北狄《ほくてき》などと呼んでいた周辺の未開の土地のこと。たとえ文明など持たない野蛮人の土地へ行っても、「恭」「敬」「忠」の仁の心を捨ててはいけない、つまり、どんなときもどんな場所でも、これらの心を失わないのが「仁」の生き方だと孔子は言っているのです。

樊遅は『論語』に何度か登場し、熱心に質問をする真面目な弟子だったようです。「顔淵篇《がんえんへん》」では、孔子と広場を散歩しながら、「徳を高め、心の悪を取り除き、迷いを断つにはどうしたらよいでしょうか」と修行僧のような質問をして、「善いかな、問うこと（それはいい質問だ）」と孔子が喜ぶ場面があります。

また別のところでは、やはり「仁とは」と師に問い、このとき孔子は「仁者《じんしゃ》は難《かた》きを先にして獲《う》るを後《のち》にす（利害など後回しにして、人が尻込みするような難題に立ち向かうことだ）」（雍也篇6―22）と答えています。

◎人を責める前に自分を責めよ

子曰く、躬《み》自《みずか》ら厚《あつ》くして、薄《うす》く人《ひと》を責《せ》むれば、則《すなわ》ち怨《うら》みに遠ざかる。

自分の責任を問うことはきびしくし、他人に対しては緩《ゆる》やかにすれば、人から怨まれたりすることは減るだろうよ。

衛霊公篇15―15

子曰、躬自厚而薄責於人、則遠怨矣。

他人の失敗やミスについてはきびしく非難するのに、自分のことになると非常に甘く、ろくに責任をとろうとしない人。

こういう人はやはり嫌われてしまいます。度が過ぎれば怨みを買うようなこともあるでしょう。

他人にあたる以上に自分にはきびしくあたり、何かのときにはしっかり責任を負い、他人には少し緩やかにあたれ、というのがこの章句の意味するところ。「自分にきびしく、他人に甘く」の姿勢でいれば、人から怨まれることも少ないだろうということです。

職場での人間関係を円滑にしたい人などは、覚えておいていいことばではないでしょうか。

前項（181ページ）でもふれた、孔子と弟子の樊遅《はんち》との散歩中のやりとりでは、孔子は「其《そ》の悪を攻《せ》めて人の悪を攻むること無きは、慝《とく》を脩《おさ》むるに非《あら》ずや」（顔淵篇12―21）と言っています。「自分の悪い点は攻めても、他人の悪い点を責めないこと、そうしていればきっと邪悪な心は取り除かれ、徳を高めていくことになるだろうね」というのです。まずは、「自分にきびしく」です。

◎欲望はほどほどに抑えて

少《わか》き時は血気《けっき》未《いま》だ定《さだ》まらず、これを戒《いまし》むること色《いろ》に在《あ》り。其《そ》の壮《そう》なるに及んでは血気方《まさ》に剛《ごう》なり、これを戒むること闘《とう》に在り。其の老いたるに及んでは血気既《すで》に衰《おとろ》う、これを戒むること得《とく》に在り。

季氏《きし》篇16—7

若いときは血気いまだ不安定で抑制もできないから、戒めは性欲にある。壮年になると血気まさに盛んだから、戒めは闘争欲にある。老年になると血気はもう衰えるから、戒めは名誉欲にある。

少之時、血気未定、戒之在色。及其壮也、血気方剛、戒之在闘。及其老也、血気既衰、戒之在得。

「孔子曰く、君子に三戒《さんかい》あり」で始まる章句で、内容は訳文どおりの大変わかりやすいものです。

とくに男性には非常に納得のいく「三戒」ではないでしょうか。

若いときは、悶々とする肉体の欲望を理性で抑えがたいから「性欲」に気をつけなさい。

壮年のときは、自己主張も強くなるので他人とぶつかりがちだから「闘争欲」に気をつけなさい。

老年のときは、血気衰えてその代わり権威や名誉が欲しくなるから「名誉欲」に気をつけなさい。「これを戒めること得に在り」の「得」を「物欲」と訳す場合もありますが、昨今では「物」に関してはもう十分に持っている方も多いので、名声・権力・名誉欲への戒めのほうが有益であるような気がします。

ちなみに、出典の「季氏篇」は、他の篇では常に「子曰く」と始まるのが「孔子曰く」で始まっていたり、この章句のように「三戒」とか「三楽」など箇条書き風に書かれたものが多いことが特徴で、だいぶあとの時代になってからまとめられたものといわれています。

Rongo Column 4

◎弟子たちが見た孔子像

『論語』全篇の約五百の章句のうち、二百二十余りの章句が「子曰《しいわ》く」（先生がおっしゃった）で始まっています。それ以外では、弟子たちのことばのほか、弟子の目で見た孔子のすがたが述べられているものがあります。孔子はどのように映っていたのか、いくつかを紹介します。

「先生は穏やかでいて、しかもきびしく、威厳がありながら威圧的なところがなく、謙虚で恭《うやうや》しく、しかも安らかであった」（述而篇7―37）

「先生が自宅でくつろいでいるときは、まことにのびやかであり、にこやかであった」（述而篇7―4）

きわめつけは、孔子の一番弟子といわれた顔淵《がんえん》（顔回《がんかい》）のことばでしょう。

「顔淵が大きなため息をついて言った。（先生を）仰げば仰ぐほどますます高く、切りこめば切りこむほどますます堅い。前方にいたかと思うと、もう後ろにいる。順序を踏んでたくみに私たちを導いてくれ、書物で知識を広め、礼で節度を教えてくれる。学ぶのをやめようと思ってもやめられない。もう私の才能など出尽くしているのに……。先生はしっかりした足場に高々と立たれているようで、ついていきたいと思っても手だてがないのだ」（子罕篇9―11）

第五章

世の中と どう関わるか

◎道徳よりも美女がお好みか

子曰く、吾《わ》れ未《いま》だ徳《とく》を好《この》むこと色《いろ》を好むが如《ごと》くする者《もの》を見《み》ざるなり。

美人を好むように徳のある人を好む者を、私はまだ見たことがないね。

子罕篇9—18

子曰、吾未見好徳如好色者也。

『論語』の面白いところの一つは、孔子が弟子にふともらしたボヤキのようなことばが、ときどき見られることです。

これも慨嘆《がいたん》というよりボヤキに近いものでしょう。「色」とは情交の意味もありますが、ここでは美女のこと。「徳」は徳のある人（有徳者）のこと。同じことばが「衛霊公篇」にも見られ、こちらでは「子曰く、已《や》んぬるかな、吾れ未だ徳を好むこと色を好むが如くする者を見ざるなり」とあります。

「已んぬるかな」とは、「おしまいだなあ、もうだめだな」という嘆きのことばで、わざわざこの語句を加えて再録してあることからも、孔子はたびたび同様のことをボヤいては、ため息をついていたと想像ができます。また同じ「衛霊公篇」には「子曰く、由《ゆう》よ、徳を知る者は鮮《すく》なし」とあり、「由よ（弟子の子路のこと）、徳を理解している人はほとんどいないぞ」と嘆いています。

孔子は各地の諸侯や重要な地位の人物と接していますが、彼らにいくら徳や仁の大切さを説いても、〝美女をそばに置きたがるように〟有徳者をそばに置きたがる人物はどこにもいない、と失望していました。これは、美女を好むのもいいが、道徳を軽んじれば世が乱れるぞ、という憂いのこもったボヤキなのです。

◎まず道具を磨いておく

子曰く、工《こう》、其《そ》の事《こと》を善《よ》くせんと欲《ほっ》すれば、必ず先《ま》ず其《そ》の器《き》を利《と》ぐ。是《こ》の邦《くに》に居《お》りては、其《そ》の大夫《たいふ》の賢者《けんじゃ》に事《つか》え、其の士《し》の仁者《じんしゃ》を友《とも》とす。

（子貢《しこう》が人の道の実践の仕方をたずねて）先生がこう答えた、職人がいい仕事をしようと思うと、まず道具を磨くものだ。自分がいる国で仁をなすには、そこの重臣のすぐれた人に仕えて、同僚の仁徳のある者を友人にして、まず自分を磨き上げることだよ。

衛霊公篇15—10

子貢問為仁。子曰、工欲善其事、必先利其器。居是邦也、事其大夫之賢者、友其士之仁者也。

道具が錆《さ》びついていては、いくら腕がよくてもいい仕事はできません。

また、すぐれた職人ほど、道具を大事にするものです。

メジャーリーグで数々の記録を打ち立てたイチロー選手は、バットやグラブを大切に扱うことでも知られています。

バットはけっして放り投げたりせず、そっと地面に置き、移動の際には湿度が調整できる特注のトランクで運ぶのだそうです。また試合後には、必ず自分でグラブにオイルを塗って手入れを欠かさないことも有名です。

一流の職人とは、道具を常にベストの状態にして、自分の技術、持っている力を一〇〇%発揮できるよう準備をしているものなのです。

仁をなす（人の道を実践する）ことも同じです。実践者である自分という器をまず磨くことです。賢者の行動を見習い、よい友人をつくって仁徳を高め、自分の器量を磨きあげること。そういう準備が先だよ、と孔子は言っています。

最高の道具を得ても、手入れを怠れば錆びついてしまいます。常に自分を磨くことを忘れずに、人生のどんな局面にあっても最良の自分を出せるよう準備をしておくことです。

◎正義が行われない世界を憂う

子曰く、徳の脩《おさ》めざる、学《がく》の講《こう》ぜざる、義《ぎ》を聞《き》きて徒《うつ》る能《あた》わざる、不善《ふぜん》の改《あらた》むる能《あた》わざる、是《こ》れ吾が憂《うれ》いなり。

人々が道徳をしっかり修めない、学問に励まない、正義をわかっていながら実行しない、善くないところを改められない、そんな世になってしまうのが私の心配ごとである。

述而篇7—3

子曰、徳之不脩也、学之不講也、聞義不能徙也、不善不能改也、是吾憂也。

「吾が憂いなり」を「自分に対する心配ごと」ととらえるか、「世の中に対する心配ごと」ととらえるかで、意味はだいぶ違ってきます。

仮に前者であれば、徳や正義を実践しているか、学ぶことを怠っていないか、という自分自身への戒めのことばになります。

孔子ほどの人物がなお自分にきびしくする姿勢には感心しますが、これだとあまりにも模範的で立派すぎ、面白みには欠ける印象があります。

また、これを弟子たちに語りかけたことばだとしても、少々まともすぎて、堅《かた》物《ぶつ》の道徳教師のことばのような感じを受けるでしょう。

しかし、これをもっと広い意味で「世の中」や「世界」を憂いていることばだと解すると、孔子がどんな世の中を望んでいたかがわかってくるようです。

人々が道徳心を失ってしまい、学問に真面目に取り組まず、正義が何かをわかっていながらそれを支持せず、悪（不善）と知りながら行動を改めない……そんな世の中であっていいはずがない、と孔子は考えていました。

これらの憂いがなくなる社会の実現を孔子は夢見ていたはずですが、もしいまの世の中を見たら、さらに憂いを深めてしまうことでしょう。

◎ちっぽけな主観を去って

子曰く、君子の天下《てんか》に於《お》けるや、適《てき》も無《な》く、莫《ばく》も無し。義《ぎ》にこれ与《とも》に比《した》しむ。

君子が世に対するとき、偏った肯定もしなければ、偏った否定もしない。人の世を公平な目で見て、ただ正義に従っていくだけだ。

里仁篇4―10

子曰、君子之於天下也、無適也、無莫也、義之与比。

国の首相であれ、小さな自治体の長であれ、政治家や指導的立場の人にはこうあってほしいものです。

「適」は、おもむく、従う、思いどおりになるなどの肯定的な意味があり、「莫」は、なかれ、無いなどの否定的な意味があります。

「君子」をここで為政者とすれば、「天下のことに対しては、むやみに許可することもなければ、むやみに禁止することもない、ただ正義に根ざした公正な政治をするのが真の為政者である」という、ちょっとした批判のメッセージも受け取れそうです。

偏ったものの見方をしたり、自分の属する党派や一族の利益を優先させたりせず、ただ義に従って政治を行うこと。これがなかなかできないからこそ、政治への不満・不信がまったくなくなるということはないのでしょう。

また、「君子」を小人に対する人格者や指導者とすれば、「世の中を広い目で見渡す立場になったとき、あっちがいいか、こっちがいいかとフラフラするんじゃないぞ、ちっぽけな主観を去って、ただ義に従って行動するのだぞ」という、これから世に出ようとする若者へのメッセージとしてひびいてくるようです。

◎徳によって導く政治を

子曰く、政《せい》を為《な》すに徳を以《もっ》てすれば、譬《たと》えば北辰《ほくしん》の其《そ》の所《ところ》に居《い》て、衆星《しゅうせい》のこれに共《むか》うが如し。

徳をもって政治を行えば、北極星が不動の位置にいて、多くの星がその方向に向かい従うように、人々はその為政者についていくだろう。

為政篇2―1

子曰、為政以徳、譬如北辰居其所、而衆星共之。

「北辰」とは「北天の星」を意味し、北極星の異称です。

夜空を長時間撮影した天体写真を見ると、ほぼ不動の北極星を中心にして、無数の星星がその周りをめぐっているようすがわかります。

古代の中国では、この天空の中心にあって動かない北極星を「天帝」（最高神）の象徴として崇めていました。

徳をもって政治をなせば、人々はその徳を慕って、北辰にそう群星のように為政者に従うだろう――。北極星と周囲の星星という美しい比喩を用いて、孔子の理想とする「徳治主義《とくち》」（民衆に道徳を広め、道徳をもって世を治める政治思想）を述べたのがこの章句です。

ちなみに、中国の古典によく出てくる「天子《てんし》」とは、天帝の命を受けて地上で天下を治める者という意味。秦の始皇帝がみずから「皇帝」を名乗るようになってからは皇帝の別称となり、日本では天皇を意味することばでもあります。

「天子は南面《なんめん》す」といいますが、これは天帝たる北極星にならったもので、天子は北を背に南を向いて座ることをさし、古来日本でも、中国からの影響で身分の高い人は南面して座る習慣がありました。

◎儲け主義はなぜ嫌われる

子曰く、利《り》に放《よ》りて行《おこな》えば、怨《うら》み多し。

自分の利益だけを優先して行動していると、人に怨みを買う。

里仁篇4―12

子曰、放於利而行、多怨。

お金の儲け方が問われて逮捕される前に、マスコミを集めて、「金儲けって悪いことですか？」と聞き返した人がいました。

「世の中に金で買えないものなんてない」「金をたくさん持っている奴が勝ち」と放言し、それを信条として時代の寵児のようにもてはやされた人もいました。

たとえ法律に違反していなくても、お金の稼ぎ方には道義的なルールがあることを知らない人が増えているようです。

ルールといってもだれかが作った文章があるわけではありません。それは人間として持っているべき道徳的観念の中にあるはずのものです。

お金になることならなんでもいいと、法の抜け道をさがして莫大な利益を得たところで、果たして幸福になれるのでしょうか。

孔子はけっして清貧を求めていたわけではなく、弟子たちが世の中の役に立つ仕事をしながら俸給を得ることを望んでいました。富を得ることにも否定的ではありません。しかし、くり返し述べているのは、裕福になっても驕《おご》り高ぶったり、人としての「恥」を忘れてはいけないということです。「恥」の心を持たずに利益だけを追求していては、いつかは人に嫌われ、怨みを買ってしまうのです。

◎不当に得たものなどいらない

子曰く、富《とみ》と貴《たっと》きとは、是《こ》れ人《ひと》の欲《ほっ》する所なり。其《そ》の道《みち》を以《もっ》てせざれば、これを得《う》るも、処《お》らざるなり。

財産や高い身分はだれでも欲しがるものだ。しかし正当な方法で得たものでなければ、そこに安住などしない。

里仁篇4―5

子曰、富与貴、是人之所欲也。不以其道、得之不処也。

「仁」についての強いメッセージをふくんだ一章で、これは冒頭の部分です。

莫大な富や高い身分を得られたとしても、正当な方法で、それ相当の理由があって得たものでなければ、私はそこにいない――。自分の努力と勤勉さで手にした富でなく、高潔な人格を認められて得た地位でないのなら、それらを手にできても辞退させてもらうよ、と言っているわけです。

この章句には続きがあります。「貧しきと賤《いや》しきとは、是れ人の悪《にく》む所なり。其の道を以てせざればこれを得るも、去らざるなり」。

貧乏と賎しい身分とはだれでも嫌うものだ。しかし正当な方法でなければ、たとえ去ることができるとしても、去ることはしない。

さらに続きます。「君子、仁を去りて悪にか名を成《な》さん。君子は食を終《お》うる間も仁に違《たが》うことなし。造次《ぞうじ》にも必ず是《ここ》に於《お》いてし、巓沛《てんぱい》にも必ず是に於いてす」……真の人格者はその仁（人徳）をよそにしてどうして名を成すことができよう。食事する間も仁から離れることがなく、急変のときもきっと仁を離れず、たとえひっくり返ったときでも必ず仁に居る。

仁者はどんなときも仁に居《いずく》て、そこから離れた富や地位なら不要なのです。

◎君子の徳は草原に吹く風

子《し》、善《ぜん》を欲《ほっ》すれば、民《たみ》、善ならん。君子の徳は風《かぜ》なり、小人の徳は草《くさ》なり。草、これに風を上《くわ》うれば、必ず偃《ふ》す。

あなたが善をなそうとされるなら、人民も善をなそうとします。君子の徳は風であり、小人の徳は草です。風が吹いてくれば草は必ずなびきます。

顔淵篇12―19

子欲善而民善矣。君子之徳風也、小人之徳草也。草上之風必偃。

この子《し》とは、魯《ろ》の国の有力者で、家老のような地位にあった季康子《きこうし》のこと。為政篇にも登場し、顔淵篇ではたびたび孔子と政治談議をしています。

ところが、孔子が季康子に言って聞かせることは毎回ほとんど同じで、「民をよく治めたいなら、政治家自身が徳を磨き、善をなすこと」という意味のことが何度もくり返されています。たとえば同じ顔淵篇では季康子にこう諭《さと》しています。「政治とは正義です。あなたが率先して正義に努められたら、民衆のだれもが正しくなろうと努めましょう」（顔淵篇12―17）。

つまり、孔子が何度進言し、忠告してもそれを実行できないし、ちゃんと理解していないのかも怪しいという、困った人物だったのではないかと想像できます。

この章句の前半部分では、季康子が、「道を外れた者をみな殺してしまって、道を守る者の世にしたいと思うが、どうかね？（如《も》し無道《むどう》を殺して以て有道《ゆうどう》に就《つ》かば、何如《いかん》）」という愚かな質問をしています。

孔子は、「政治を行うのになぜ人を殺す必要があるのですか（政《せい》を為《な》すに、焉《な》んぞ殺《さつ》を用いん）」と呆れ、そして右に挙げた章句が続くのです。「君子の徳は風なり」という美しい比喩が通じる相手であればよかったのですが。

◎誠意を尽くし、ときには体を張れ

（子路《しろ》、君《きみ》に事《つか》えんことを問う）

子曰く、欺《あざむ》くこと勿《な》かれ。而《しか》してこれを犯《おか》せ。

子路が主君に仕える道をたずねた。先生は言われた、欺いてはいけない。そして逆らってでも諫めよ。

憲問篇14―23

子路問事君、子曰、勿欺也、而犯之。

主君にはどのように仕えるべきかをたずねた弟子の子路に対し、孔子の答えは「欺《あざむ》くな、而《しか》してこれを犯せ」とごく短いものです。

主君を欺いたりせず、誠意を尽くすことだ。

主君が道を踏み外しそうなときは、逆らってでも諫《いさ》めることだ。

「犯」は、反対すること、逆らうこと。主君にどんな顔色をされても構わず恐れず諫めることを「犯顔《はんがん》」といいます。おそらくこの時代、主君に逆らうことは、そのまま死を意味することだったでしょう。そう考えれば、孔子のことばの中に「主君には命を張って仕えよ」という強いメッセージを受け取ることができます。

孔子の評判が広まるにつれ、弟子たちの就職話がいろいろなところから舞い込むようになっていました。子路は衛《えい》という国に出仕し、のちに内乱に巻き込まれて死んでいます。中島敦の小説『弟子』はこの子路をモデルにした作品です。

いまの企業でいえば主君は経営者です。雇われる側は俸給をもらう以上、誠意を尽くして務め、上司や経営者が道に反することを行おうとするなら、体を張ってでも諫めるべきでしょう。企業ぐるみの犯罪が減らないのは、経営者にも部下にも「君子」や「士」と呼べる人物が減ってしまったということでしょうか。

◎小より大を知るには

賢者《けんじゃ》は其《そ》の大《だい》なるものを識《し》り、不賢者《ふけんじゃ》は其の小《しょう》なるものを識る。

智恵のある者は何ごとにも本質を見ようとするので、大きなことを知ったり気づいたりできるが、智恵のない者は小さなことだけを知る。

子張《しちょう》篇19—22

賢者識其大者、不賢者識其小者。

このことばは、弟子の子貢《しこう》が、衛《えい》の国の公孫朝《こうそんちょう》という人物に、「仲尼《ちゅうじ》（孔子のこと）はだれに学ばれたのですか」とたずねられたときの会話にあります。

子貢は答えました。「文王、武王の道はまだ滅んでしまったわけではなく、人々の心に残っています。賢者は道をたどってその大きな本質を知り、凡人は小さなことを知ります。文王、武王の道はどこにでもあるのです。先生はそのようにして、だれにでも学ばれました。決まった師を持つ必要などなかったのです」

文王、武王の道（文武の道）とは、古代の周《しゅう》王朝の始祖・文王とその子・武王が理想とした政治や文化のこと。文王・武王は聖人とされ、孔子もその道を理想としていました。

「識」は、知る、気がつく、さとる、記憶するなどの意味があり、一般にこの章句は識を「識《しる》し」と読んで、「賢者はその大きなところを記憶し、凡人は小さなところを記憶している」と訳されますが、ここではもっと広く大きな意味でとらえます。智恵のある者は、常に問題の大きなところに着眼して、大きなことを知ったり見つけたりすることができます。ものごとの本質を見ようとする眼を養えば、どこでも、だれからでも大きなことを学べるのです。

◎たとえいまは粗末な服でも

子曰く、士《し》、道《みち》に志《こころざ》して、悪衣悪食《あくいあくしょく》を恥《は》ずる者は、未《いま》だ与《とも》に議《はか》るに足《た》らず。

士たる者、志を立てて道を進もうというとき、粗衣粗食を恥じるようでは、ともに語るに足らないね。

里仁篇4—9

子曰、士志於道、而恥悪衣悪食者、未足与議也。

いまの若い人たちに、「まだ修業の身なのだから、ボロを着て、食事はカップ麺やパンの耳で我慢しておれ」と言っても無理があるでしょう。

この孔子のことばも、まだ道の途中であれば粗衣粗食で我慢しなさいという話ではなく、「やむを得ず粗衣粗食に甘んじても、それを恥じるようでは『士』とは言えない、まだまだともに語り合う同志とは言えないよ」ということです。

志を立てて大きな目標を目指しているのに、恰好や見栄ばかり気にしているようではいけない、そんなことではともに道を学べないよ、と精神の持ち方を言っているわけです。

孔子の学団は特別なスポンサーがいたわけではなく、けっして裕福ではなかったはずです。孔子自身は「礼」に従い、公式の場での身だしなみにはずいぶん気をつかっていたようですが、「破れた綿入れの羽織を着て、狐や貉《てん》の上等な毛皮を着た人と並んでもちっとも恥ずかしがらないのは、まあ子路くらいだね」（子罕篇9—27）とあるように、弟子たちはそうもいかなかったでしょう。

どんな道であれ志を立てたなら、けっして楽な道は待っていません。その道が「仁」へと続くのなら、どうして粗衣粗食を恥じる必要があるでしょうか。

◎その才ではなく徳を称えよ

子曰く、驥《き》は其《そ》の力《ちから》を称《しょう》せず。其の徳《とく》を称す。

名馬というのはその力を称えられるのでなく、その徳を称えられるのだ。

憲問編14―35

子曰、驥不称其力、称其徳也。

「驥《き》」とは一日に千里を走るほどの名馬のこと。

名馬というのは、どれだけ速く走れるか、どれだけ長く走れるかという能力ばかりが注目され、称賛されがちです。

しかし孔子は、「名馬の本当の価値は、その品位、その徳にあるのだ」と言うのです。

主人（乗り手）の意志に従い、より速く、より遠くまで走ろうとする性質のよさこそ、本当に称賛されるべきなのだということでしょう。

どんなに他よりすぐれた能力を持っていても、ただ持っているだけではなんの意味もありません。

中国では、「驥も櫪《れき》に伏《ふ》す」といえば、すぐれた名馬も厩《うまや》につながれっぱなしでは何もできないことから、才能のある者が世に認められず、力を発揮できずにいることをさします。また「驥足《きそく》を展《の》ばす」とは、優秀な素質をもっている人が、その才能を存分に伸ばして世に出ることをさします。

すぐれた才能は、人のため、世の中のために役立ててこそ意味があります。

そして人間の価値は、どんなにすぐれた才能よりも、その徳にこそあるのです。

◎俗物よりは個性派と交われ

子曰く、中行《ちゅうこう》を得《え》てこれに与《くみ》せずんば、必ずや狂狷《きょうけん》か。狂者《きょうしゃ》は進みて取り、狷者《けんしゃ》は為《な》さざる所《ところ》あり。

中庸《ちゅうよう》の人と出会って付き合うことができないときは、せめて狂者か狷者と付き合うことだ。狂の人は積極的で進んで求めるし、狷の人は節度を守って行動するからね。

子路篇13—21

子曰、不得中行而与之、必也狂狷乎。狂者進取、狷者有所不為也。

「中行《ちゅうこう》」とは、ほどよい行動をとれる常識的な人、「中庸《ちゅうよう》」の人のこと。「中庸」は儒教でとくに重んじていることで、考えや言動が一つの立場に偏らず、過不足なく調和がとれていること、不変であることをさします。

孔子も「中庸の徳たるや其《そ》れ至《いた》れるかな（中庸の徳の価値はいかにも最上のものだ）」（雍也篇6―29）と述べています。

この章句では、「本来なら中庸の人と交わるのがよいが、それが叶わないなら、せめて狂者か狷者と付き合うのがよかろう」と言っています。「狂」は気がおかしくなることではなく物ごとに熱中すること。「狷」は節操が固い、頑固といった意味があります。どちらもいわば個性派ですが、狂者には積極進取の気風があり、狷者は意固地ながら行動は慎重というよさがありそうです。ちなみに「狂狷」とは理想に走って自分の意志を曲げないという意味で、この章句が出典です。

孔子はまた「郷原《きょうげん》は徳の賊《ぞく》なり」（陽貨篇17―13）として、郷原（道徳家ぶって評判を得ようとする者）は徳をそこなうと忠告しています。

中庸の人と近づきになれなくても、そんなニセ道徳家や俗物と付き合うくらいなら狂者か狷者を仲間にしなさい、というのが孔子の本音かもしれません。

◎多くても少なくてもだめ

子曰く、過《す》ぎたるは猶《な》お及《およ》ばざるがごとし。

やり過ぎも足りないのも同じようなもの。

先進篇11—16
子曰、過猶不及。

孔子と弟子の子貢《しこう》との会話に出てくることばで、『論語』の中でも有名な一節です。

子貢が、弟《おとうと》弟子の師《し》（子張《しちょう》）と商《しょう》（子夏《しか》）のどちらがすぐれているかを孔子にたずねると、孔子は「師や過ぎたり、商や及ばず（師はやり過ぎだな、商は足りないな）」と答えます。

「では師（子張）のほうがすぐれているのでしょうか」と子貢が問うと、孔子は「過ぎたるは猶お及ばざるがごとし（やり過ぎも足りないのも同じだよ）」と言うのです。

つまり、過剰なのも不足なのも、ちょうどよい加減がわかっていない点では同じだということです。

多くてあふれても、少なすぎて足りないのもだめ、「中庸」（212ページ）の徳こそ目指すべきで、過不足なく均衡のとれた人間かといえば、二人ともまだまだだね、と孔子は言っているわけです。

このことばはよく引用されますが、「過ぎてしまったことはもう及ばない（取り戻せない）」など、意味の誤用も多いので注意しましょう。

◎性根が腐ってはどうしようもない

宰予《さいよ》、昼寝《ひるい》ぬ。子曰く、朽木《きゅうぼく》は彫《ほ》るべからず、糞土《ふんど》の牆《かき》は杇《ぬ》るべからず。

宰予が怠けて昼寝をしていた。先生は言われた、朽ちた木には彫刻も彫れない、ごみ土の垣根には上塗りもできない。

公冶長篇5―10

宰予昼寝。子曰、朽木不可雕也、糞土之牆、不可杇也。

宰予《さいよ》とは、第三章「その恩愛を返す」（138ページ）のところで「三年の喪」について自説を述べ、孔子を嘆かせた弟子の「宰我《さいが》」のことです。

どうも孔子と宰我は折りが合わなかったらしく、この孔子のことばも苛烈《かれつ》です。「朽ちた木には彫刻などほどこしようもない、ごみ土を盛った垣根はいくら上塗りしてもきれいにはならない」――。弟子の態度について語ったにしては、ずいぶんきびしく突き放した感じがします。「この男にはもはや仁を説いても無駄だ」と言っているようなもので、孔子の怒りさえ感じます。宰我の「昼寝」については諸説あり、講義中の居眠り程度ではなく、宰我一人がサボって寝室で寝ていたとか、女性と一緒に寝ていたのではないか、などと論じられてきました。

おそらくたびたび同様のことがあったのでしょう。孔子は続けて述べています。「もう宰我を叱っても仕方あるまい。これまで私は人のことばを聞けば、そのまま実行されているものと信じていた。しかしいまは、ことばを聞いたらちゃんと実行しているか観察して判断することにしている。宰我にうんざりさせられてから人の見方を変えることにしたのだ」と。「朽木」になっていたらもう遅いのです。孔子でさえ「性根の腐った者」はどうしようもないのです。

◎目先の利にとらわれずに

子曰く、速《すみ》やかならんと欲《ほっ》すること毋《な》かれ。小利《しょうり》を見《み》ること毋かれ。速やかならんと欲すれば則《すなわ》ち達《たっ》せず。小利を見れば則ち大事《だいじ》成《な》らず。

成果を急ぐな、小利に気をとられるな。早く成果を挙げたいと思うと目的を果たせず、目の前の小利に気をとられると大事は成し遂げられない。

子路篇13―17

子曰、毋欲速。毋見小利。欲速則不達。見小利則大事不成。

「子夏《しか》、莒父《きょほ》の宰《さい》と為《な》りて、政《せい》を問う」で始まる章句です。

弟子の子夏が莒父という地の長官として赴任するにあたり、政治の心がまえを孔子にたずねました。孔子は答えます。

成果を早く出そうと焦ったり、目先の小利にまどわされてはいけない。成果を急げば着実な目標達成は遠ざかり、目前の小さな利益にとらわれていては、大きな仕事は完成できないよ――。

これは師から弟子へのはなむけのことばだったのでしょう。政治のみならず、何か大事を成そうとするとき、このことばはじんわり効いてきます。

いまの時代、結果をすぐ出すことばかり求められて、内容や仕上がりの質よりも、まず「速さ」を要求されることが多くなってきています。仕上がりの質は悪いが仕事が早いことを「拙速《せっそく》」、反対に仕上がりの質は高いのに遅いのを「巧遅《こうち》」といい、「巧遅は拙速に如《し》かず（出来がよくても遅いよりは、出来は悪くても早いほうがいい）」などといいます。しかし「巧遅」を軽視しては世の中が「拙速」だらけになってしまいます。目的を大きなところに置き、確かな成果を目指すべき仕事には、じっくり腰をすえて自分の信じる方法でやり通すことです。

◎まず自分の行いを正すこと

子曰く、其《そ》の身《み》正《ただ》しければ、令《れい》せずとも行《おこな》わる。其の身正しからざれば、令すと雖《いえど》も従《したが》われず。

上に立つ者は、自身の行いを正しくすれば、命令をしなくとも人は自然と従う。その身が正しくなければ、命令したところで人はついてこない。

子路篇13—6

子曰、其身正、不令而行。其身不正、雖令不從。

人の上に立つ指導者や政治家は、何よりもまず自分の身を正すことが大事だということです。

「徳を身につけ、行いの正しい人物なら、人は自然と慕い従うようになる」という意味のことばを、孔子はたびたび述べています。

逆に考えれば、孔子の生きた時代にも、為政者や高い地位の者に、道義もわからず徳もない人物がそれだけ多かったということなのかもしれません。

「苟《いやしく》も其の身を正せば、政《せい》に従うに於《お》て何か有らん。其の身を正しくすること能《あた》わざれば、人を正しくすることを如何《いかん》せん」（子路篇13―13）ということばもあります。

もしわが身を正しくさえするなら、政治を行うことぐらいはなんでもないだろう。わが身を正しくすることもできないなら、どうして人を正すことなどできるだろうか――。政治家が嘘をついたり不正を隠したり、でたらめなことばかりしているようでは、政治などできるはずがないということです。

国民をうんざりさせてばかりいる政治家もいます。いまあらためて孔子のことばをじっくり読んでみてほしいものです。

○参考文献

『論語』金谷治訳注（岩波文庫）
『論語』平岡武夫（集英社）
『論語』加地伸行全訳注（講談社学術文庫）
『論語の講義』諸橋轍次（大修館書店）
『中国古典名言事典』諸橋轍次（講談社学術文庫）
『論語　新訳』魚返善雄（学生社）
『現代語訳　論語』宮崎市定（岩波書店）
『高校生が感動した「論語」』佐久協（祥伝社）

○本書の表記について

各章の番号は、たとえば「里仁篇４―８」は「里仁第四・第八章」の略で、章の番号は基本的に岩波文庫版（金谷治訳注）に準じています。原文（白文）の漢字は常用漢字に改めています（學→学、爲→為、惡→悪など）。また読みやすさを主として、原文と読み下し文、訳文の用字が異なる場合があります。

○監修者略歴

中村 信幸（なかむら・としゆき）

杏林大学外国語学部教授。1946年山梨県生まれ。東京外国語大学中国語学科卒。同大学院修士課程修了。駒澤大学大学院修士課程修了。専門は中国語、禅家語録を中心とする近代漢語語法、中国禅宗史。共著に『典座教訓・赴粥飯法』（講談社学術文庫）、『作る心、食べる心』（第一出版）がある。曹洞宗・福寿院（甲府市）、松雲寺（韮崎市）の住職でもある。

○書家略歴

武田 双雲（たけだ・そううん）

書道家。1975年熊本県生まれ。3歳より母・武田双葉に師事。25歳で書道家として独立。さまざまなジャンルのアーティストとのコラボレーションや斬新な個展など、独自の創作活動で注目を集める。中国・上海美術館「龍華翠褒賞」受賞。伊・フィレンツェ「コスタンツァ・メディチ家芸術褒章」受章。著書に『「書」を書く愉しみ』（光文社新書）、『書愉道』（池田書店）、作品集『たのしか』（ダイヤモンド社）がある。

http://www.souun.net

●構成・執筆／宮下　真（オフィスM2）
●本文デザイン／金親真吾
●編集担当／石田克浩（永岡書店）
●DTP製作／ディーキューブ

心にひびく『論語』
本当の生き方が見えてくる86の言葉

監　修——中村信幸
書——武田双雲
発行者——永岡修一
発行所——株式会社永岡書店
〒176-8518　東京都練馬区豊玉上1-7-14
代表 ☎ 03（3992）5155　編集 ☎ 03（3992）7191
印　刷——図書印刷
製　本——コモンズデザイン・ネットワーク

ISBN978-4-522-47595-9　C0176
落丁本・乱丁本はお取り替えいたします。　①